Zu diesem Buch

«Träume sind Schäume», sagt der Volksmund. Der Volksmund irrt. Die Psychoanalyse hat den Traum schon seit langem als Fundgrube verschlüsselter Nachrichten entdeckt. Kinderträume werden dennoch in der Regel kaum beachtet. Viele von uns haben eine begreifliche, letztlich jedoch unbegründete Angst, sich auf Träume der Kinder einzulassen.

Dabei erzählen Kinder aller Altersstufen ihren Eltern und Lehrern unaufgefordert Träume. Oft sind diese Träume chiffrierte Nachrichten mit ausgesprochenem Appellcharakter. An vielen Fallbeispielen von Träumen und Problemen gesunder wie seelisch kranker Kinder zeigt dieses Buch, daß der Umgang mit den Traumbildern unserer Kinder auch ohne Kenntnis der verschiedenen Theorien nicht schwer ist.

An Krisen- und Alltagssituationen aus dem Leben von Kindern und jungen Menschen lernt der Leser, wie der Träumende Konflikte aus dem kindlichen Alltag darstellt und zu bewältigen sucht. Nicht zuletzt ist das Verstehen der Träume von Kindern und Jugendlichen auch für die Sexualerziehung von unschätzbarem Nutzen.

Dieses Buch ist für Eltern und alle an praktischen Problemlösungen Interessierte geschrieben. Das «Stichwort Kinderträume» (S. 84) dient dagegen der Fortführung der wissenschaftlichen Diskussion.

Hans H. Hopf

Kinderträume

Traumbilder verstehen und auf sie eingehen

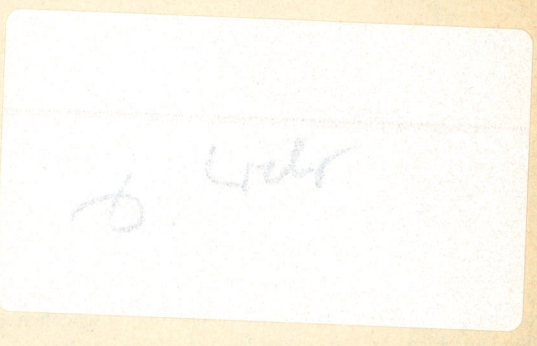

rororo Elternrat

sachbuch
rororo

Für Gisela, Steffi, Michael und Florian

rororo Elternrat wird von Horst Speichert herausgegeben
Den Umschlag, das Layout der Reihe und des Bandes
hat Günther Stiller gestaltet

Bildnachweis: Albert Schöpflin, Günther Stiller, Jean-Gil-Bonne
Bildarchiv Sammer, Stiller-Archiv, Jürgen Lanko, roe-Bild, Taffin

Originalausgabe
Veröffentlicht im Rowohlt Taschenbuch Verlag GmbH,
Reinbek bei Hamburg, April 1980
Copyright © 1980 by Rowohlt Taschenbuch Verlag GmbH,
Reinbek bei Hamburg
Alle Rechte vorbehalten
Satz Times (Linotron 404)
Gesamtherstellung Clausen & Bosse, Leck
Printed in Germany
580-ISBN 3 499 17325 5

Liebe Leser,

nicht alles, was uns bewegt, können wir in Worte fassen und anderen mitteilen. Kindern geht es nicht anders. Oft im Leben sind unsere Wünsche und Bedürfnisse mit Ängsten und Befürchtungen verbunden, die diese Wünsche aus dem Tagleben verdrängen.

Im Traum tauchen solche verdrängten Wunschvorstellungen wieder auf und suchen nach Erfüllung. Träume enthalten Nachrichten aus jenen Zonen unseres Lebens, die wir bei Tageslicht nicht immer ohne weiteres einzusehen vermögen. Das gilt für Träume von Kindern genauso wie für Träume von Erwachsenen.

Ist es Scheu, auf ihre Probleme einzugehen, die uns Erwachsene oft die Träume unserer Kinder beiseiteschieben läßt? Oder ist es Angst, die bei Tage verpönten Wünsche und Bedürfnisse näher ins Auge zu fassen?

Ausgehend von ihren Träumen läßt uns der Autor in diesem Buch Anteil nehmen an Schicksalen von Kindern und Jugendlichen und ihren Eltern, ihren Bedürfnissen und Befürchtungen, ihren Ängsten und Problemen und Hoffnungen: an den Konflikten des Großwerdens. Dabei vollzieht der Leser nach, wie Träume auf dem Hintergrund des individuellen Lebens entziffert und verstanden werden können.

Wer nach festen Regeln zum Verständnis des Traums sucht, wird in diesem Buch nichts für sich finden. Hier gibt es vielmehr Anregungen, sich auf die Träume der Kinder einzulassen, ihre «Botschaften» auf dem Hintergrund der Lebensgeschichte des jeweiligen Kindes zu verstehen und sich in seinem Verhalten davon beeinflussen zu lassen – so oder so.   Horst Speichert

Inhalt

**Die Träume
haben eine eigene Bildersprache:
Fliegen meint häufig lustvolle,
befreiende Gefühle
(etwa beim Orgasmus),
auch Rumpelstilzchen kann
als Sexualsymbol geträumt werden.
Immer aber gibt es über
diese Chiffren-Sprache hinaus
auch andere,
nur aus dem jeweiligen Leben
erschließbare «Botschaften»,
wie in dem schrecklichen
Panzer-Bild von Jens
(s. Kapitel 4).**

**Die Geburt der Schwester hat Wolfgang in Probleme gestürzt,
die er über seine Träume bekanntmacht.
Die Eltern können sie «verstehen»
und so auf ihn eingehen.**

Kapitel 1

Wahrheiten und Wünsche in der Nacht

Wolfgang ist drei Jahre und zwei Monate alt – ein Kind wie viele andere: braune Haare, große dunkelbraune Augen, ein rundliches Gesichtchen, eine stämmige Gestalt. Meist wirkt er ernst, nachdenklich, versonnen; er hat eine Schwester, Miriam, zwei Jahre älter als er, und sechs Wochen zuvor ist ein Brüderchen gekommen.

Gestern war die erste Ausfahrt des Babys, und die ganze Familie ging zu einer nahe gelegenen Wiese, um dort Schafe zu füttern und zu streicheln. Wolfgang war ganz außer sich vor Freude. Erst nach der vielfachen Versicherung, daß man bald wieder hierherkommen werde, und unter Tränen ist er bereit, mit nach Hause zu gehen. Am nächsten Tag erzählt Wolfgang dem Vater folgenden Traum:

«Einmal habe ich geschlafen. Dann ist ein Schäfle gekommen. Hab ich gestreichelt. Und dann hab ich ihm Fressen gegeben. Und dann bin ich schnell zur Mama gegangen mit dem Schäfle. Und dann hat die Mama gesagt, wo ist denn das Schäfle her, und dann hab ich gesagt, von der Weide.»

Es fällt als erstes auf, daß dieser Traum des dreijährigen Wolfgang gleichsam eine Verlängerung des Tageserlebnisses liefert. So etwas kommt in Träumen häufiger vor, bei Kindern, die stärker zu beeindrucken sind, noch häufiger als bei Erwachsenen. Wir reden in diesem Zusammenhang von «Tagesresten».

Obendrein setzt Wolfgangs Traum das fort, was Wolfgang gerne noch weiter tun wollte, nämlich die Schafe füttern und streicheln. Der Traum hat ihm damit seinen heftigen Wunsch vom Vortag erfüllt. Auch dies kommt in Träumen, wie auch viele Träume von Erwachsenen zeigen, oft vor: unerledigte und unerfüllte Wünsche des Vortages werden befriedigt. Denn diese unerfüllten Wünsche wollen den Schlaf stören: indem der Traum den Wunsch erfüllt, wird Wolfgangs Erwachen verhindert, somit sein Schlaf gehütet.

Wenn wir uns mit dieser Erklärung zufrieden gäben, hätten wir es uns zu einfach gemacht. Mit seinem Traum kann Wolfgang dem aufmerksamen Hörer mehr und ganz anderes sagen, als daß er nur hätte länger bei den Schafen auf der Weide bleiben wollen. Dieses «Mehr» aber können wir dem Traum nur entnehmen, wenn wir mehr über Wolfgangs Lebensgeschichte, seine Sorgen und Nöte, wissen.

Wolfgang will größer werden und hat Angst davor

Die Zeit der Schwangerschaft seiner Mutter mit dem kleinen Bruder Peter war für Wolfgang schlimm gewesen. Er hatte sich intensiv an die Mama geklammert, wich keinen Moment von ihrer Seite, und man spürte seine Angst, alleingelassen zu werden. Diese Ängste standen in auffälligem Widerspruch zu seinem aggressiven und widerborstigen Verhalten gegen alle Familienmitglieder, insbesondere auch gegen die Mutter. Jedoch schon bei geringem Tadel, bei kleinsten Kränkungen schlug diese vermeintliche Streitlust um in Äußerungen von tiefem Schmerz mit Weinen und Schreien. Gleichzeitig entwickelte Wolfgang eine panische Angst vor Hexen: Aus seinem Schlafzimmer mußten alle Bilder, die Hexen darstellen, alle Kasperpuppen, alle Bücher mit Hexen abends entfernt werden. Immer wieder wollte er versichert haben, daß wirklich keine Hexen mehr da sind. Und jede Nacht rief er trotzdem nach der Mama, die ihn dann mit ins Bett nahm, wo er endlich einschlief.

Die Eltern sorgten sich. Wie sollte es werden, wenn die Mutter zur Entbindung ins Krankenhaus ging? Ein Vorfall illustrierte die zu erwartenden Schwierigkeiten: Wolfgang spielt mit der Schwester Miriam in der Küche, und plötzlich ist die Mama nicht mehr zu sehen. Er wird unruhig und beginnt, sie zu suchen. Da sagt die fünfjährige Miriam mutwillig und in der Absicht, ihn zu ärgern: «Die Mama ist schon im Krankenhaus!» In panikartiger Flucht verläßt Wolfgang laut schreiend die Küche. Zwar nimmt ihn die Mama, die nur im Nebenzimmer war, gleich auf den Arm, doch sein Schreien ist nicht zu stillen. Obwohl es erst vier Uhr nachmittags ist, will Wolfgang unbedingt seinen Schlafanzug tragen, für ihn das äußere Zeichen der nächtlichen Gemeinsamkeit und Einheit mit der Mutter.

Wolfgangs Ängste und sein daraus rührendes scheinbar trotziges

Verhalten steigerten sich, je näher der Geburtstermin rückte. Der Vater des Jungen beabsichtigte, während der Abwesenheit der Mutter die häuslichen Geschäfte zu übernehmen und auch die Kinder zu versorgen. Wie würde Wolfgang das akzeptieren? Erstaunliches geschah: Nachdem die Mutter mit Wehen ins Krankenhaus gegangen war, schien sie für Wolfgang plötzlich vergessen zu sein. Mit der gleichen Kraft, mit der er sich zuvor an sie geklammert hatte, klammerte er sich jetzt an den Vater. Wolfgang trank seine Milch aus dem gleichen Krug wie der Vater sein Bier. Er wollte jeden Morgen das gleiche Hemd wie dieser anziehen, und er ahmte den Vater in einer Weise nach, daß es geradezu grotesk wirkte. Auch als die Mutter mit dem Säugling wieder da war, schien sie für Wolfgang nicht mehr zu existieren. Das Baby und sie wurden tagsüber vollkommen ignoriert – nachts allerdings wollte Wolfgang wieder zu ihr ins Bett. Tagsüber dagegen hängte er sich ganz an den Vater und redete diesen ab und zu sogar mit «Mama» an.

Wenn wir jetzt – nachdem wir dieses Stück Lebenszusammenhang von Wolfgang kennen – den Traumtext noch einmal auf uns wirken lassen, so ist unschwer zu erkennen, daß der Traum mehr als nur eine Fortsetzung der Vortagserlebnisse enthält: Wolfgang bringt das

> «Die Mutter schien für Wolfgang nicht mehr zu existieren.»

Schäfchen im Traum zur Mama und nicht zum Vater, der für ihn ja tagsüber nun die Bezugsperson ist.

Und auf die Frage seiner Mutter, wo das Schäfle her ist, kann ihr der Kleine triumphierend entgegenhalten: «Von der Weide!» Er, der die Mama kürzlich noch so nötig hatte, dokumentiert damit, daß er sich jetzt Wünsche gegen ihren Willen erfüllen kann. Schließlich mußte er am Vortag mit Streicheln aufhören, weil sie es wollte. Gegen ihren Willen hat er sich im Traum das Schäfchen geholt und streichelt und füttert es jetzt ganz nach seinem Wunsch und solange er möchte. Wolfgang zeigt damit, daß er sich von der Mutter lösen möchte. Einen Teil der Trauer um ihren «Verlust», um die Tatsache, daß sie jetzt in erster Linie für den jüngeren Bruder da sein wird, hat er schon verarbeitet.

Aber vielleicht enthält der Traum auch noch anderes? Wolfgang erzählt ja nicht von einem Schaf, wie er es am Tag zuvor gestreichelt hat, sondern von einem «Schäfle», also einem Baby-Schaf. Mit Vergnügen hat Wolfgang immer die Fernsehwerbung gesehen, in der ein gezeichnetes Schäfchen für «streichelweiche» Wolle geworben hat. Und das «Schäfle» ist offenbar für ihn ein Bild eines liebe- und zärtlichkeitsbedürftigen kleinen Wesens geworden, das Hautkon-

> «Gegen den Willen der Mutter
> hat er das Schäfchen geholt . . .»

takt braucht, das sich an einen kuschelt, das gefüttert und gestreichelt werden will – so wie es jetzt das kleine Brüderchen bei der Mama tut und ihn damit verdrängt hat.

Im Traum geht Wolfgang schnell zur Mama, so wie er es ja fast jede Nacht in der Wirklichkeit tut. Und zeigt er nicht jede Nacht damit aufs neue, daß er, der kleine Wolfgang, es immer noch dringend braucht, von der Mama in den Arm genommen zu werden?

Bezeichnenderweise hat Wolfgang seinen Traum dem Vater erzählt, dem er unbefangener gegenübersteht, weil die Beziehung zu ihm im Augenblick nicht so konfliktbeladen ist wie die zur Mutter.

Die Eltern wissen nach dem Traum, daß Wolfgang jetzt beginnt, sich von der Mutter zu lösen, eine Verselbständigung, die von ihnen auch gefördert werden soll. Doch der Traum unterstreicht dadurch, daß Wolfgang zur Mutter geht, auch, daß er die Mutter noch sehr nötig hat, etwas, was aus seinen nächtlichen Mutter-Besuchen ja schon ohnehin zu ersehen war. Die Verselbständigung von Wolfgang, die er im Traum andeutet, ist ein Schritt vorwärts in einen neuen Lebensabschnitt. Und ein solcher Schritt ist immer auch mit der Angst verbunden, daß er den völligen Verlust des geliebten Objektes «Mutter» bedeuten könnte. Zu dieser Angst gehört darum der Wunsch, wieder von der Mutter gestreichelt und gefüttert zu werden wie der kleine neugeborene Rivale. Und dieser Wunsch will respektiert werden. Denn erst, wenn alle kleinkindlichen Bedürfnisse gestillt sind, kann die Ablösung vorangehen.

Doch noch ist es nicht so weit. Am nächsten Morgen beim Frühstück sagt Wolfgang dem Vater ganz leise, daß er heute nacht wieder geträumt habe und wieder von Schafen, und flüstert ihm dann ins Ohr:

«Einmal war ich auf der Weide und habe Schafe gestreichelt. Dann ist die Mama mit dem Auto weggefahren, und ich war ganz allein. Da hab ich geweint.»

Wenn Schafe-Streicheln (gegen den Willen der Mutter) heißt, einen eigenen Willen haben und durchsetzen, dann bedeutet dieser Traum den Ausdruck der Angst: Wenn ich meinen eigenen Willen durchsetze, dann verstößt mich die Mutter.

Kann Wolfgang seine Ängste, die Mama zu verlieren, seine widerstreitenden Gefühle nach Loslösung und Anklammerung noch deutlicher mitteilen?

Die beiden Traumerzählungen des Jungen haben das Bewußtsein der Eltern und ihr Verhalten zu ihm verändert. Aber kann die Loslösung überhaupt gefördert werden, wenn gleichzeitig noch kleinkindliche Bedürfnisse und Trennungsängste deutlich vorhanden sind?

Tatsächlich fängt Wolfgang auf einmal an, es zu genießen, noch mal ein Baby sein zu dürfen, ohne deshalb von den Eltern ausgelacht oder gar abgelehnt zu werden. Die Mama muß ihm an einen Schnuller eine Schnur machen, und voller Stolz trägt er ihn tagsüber griffbereit mit sich. Nachts umschlingt er seinen Teddy mit der linken Hand und nuckelt an seiner Milchflasche, die er in seiner rechten Hand hält, bis er einschläft. Trotzdem kommt er manchmal nachts zu Mama ins Bett, und er darf das, auch wenn er dadurch die

> «Der Traum sagt:
> Wolfgang beginnt sich zu lösen.»

elterliche Gemeinschaft unbewußt oder auch ganz bewußt empfindlich stört. Manchmal will er tagsüber von Mama oder Papa auf den Arm genommen werden, er legt dann seinen Kopf auf die Schulter und möchte nur gehalten werden. Und ganz deutlich tut er seinen wiedererworbenen Baby-Status damit kund, daß er nachts hin und wieder einnäßt.

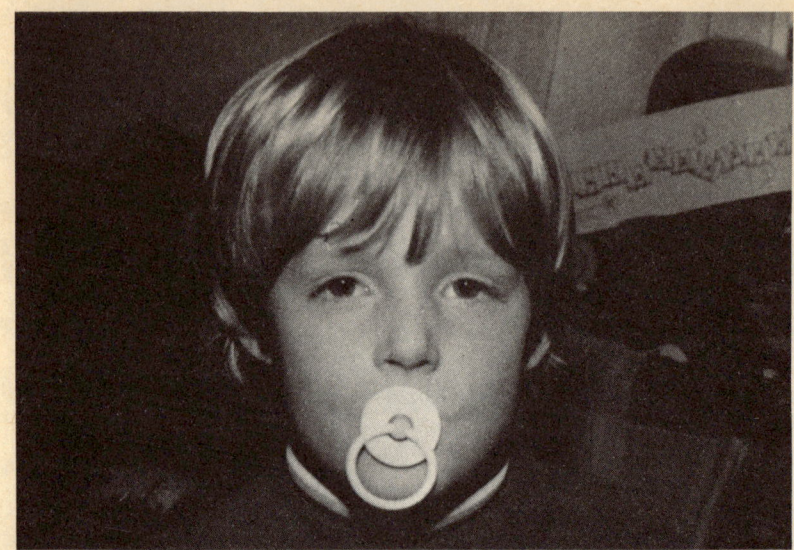

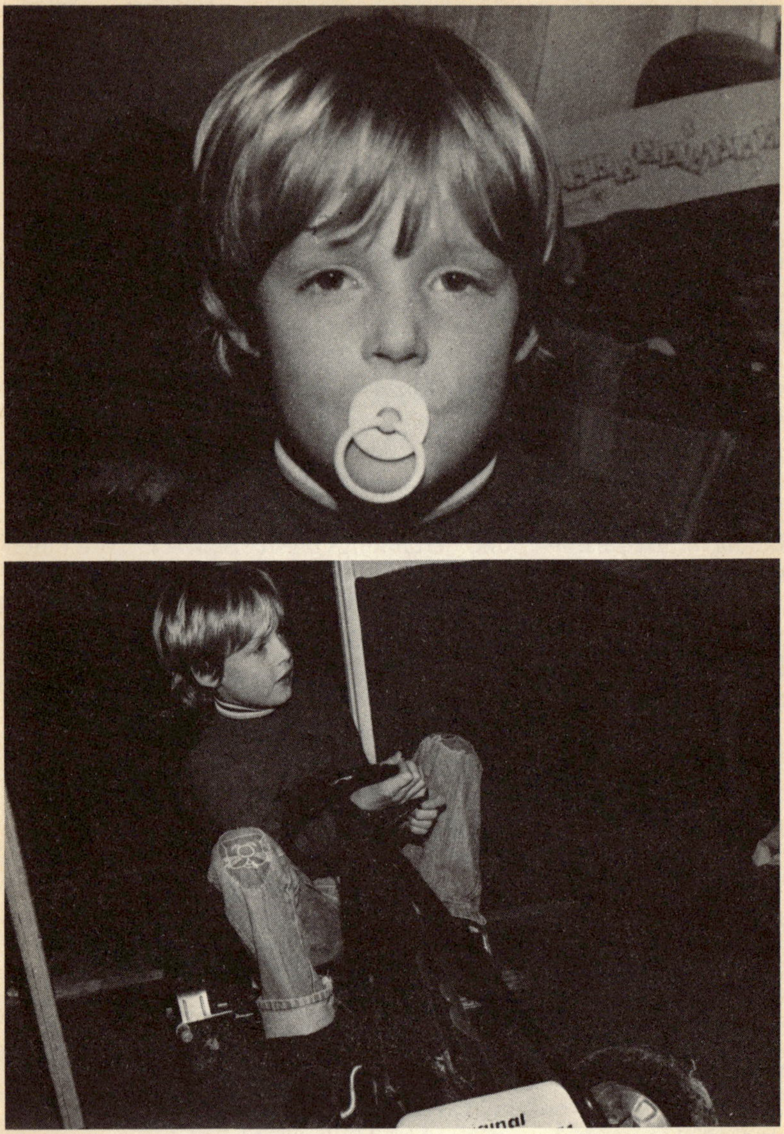

Nachdem er den Babystatus genügend genossen hatte,
konnte er sich aufs Kettcar schwingen
und in die weite Welt hinausfahren . . .

Die Eltern haben dies auf Grund der Träume mehr oder weniger erwartet. Die häusliche Atmosphäre ist ganz so, daß der Junge sich sein wohliges Zurückfallen ohne irgendwelche Mißbilligung gestatten kann: um Atem zu holen und neuen Anlauf zu nehmen. Nach einigen Wochen ändert sich das Verhalten von Wolfgang wieder gründlich. Auf einem Spielplatz klettert er an einem Gerüst hoch, offensichtlich ganz ohne Angst. Den Eltern bleibt fast das Herz stehen, und die Mutter will ihn gerade rufen, er solle wieder herunterkommen, weil das ja noch viel zu gefährlich für ihn sei, als sie merkt, wie sehr sie auch Wolfgang noch behüten möchte und nicht freigeben will. So läßt sie ihn, auch wenn ihr die Kehle trocken wird, klettern und lobt den stolzen Wolfgang, als er wieder unten ist. Dies Verhalten des Jungen verstärkt sich zusehends in den nächsten Wochen: Wolfgang fährt wie ein Wilder mit seinem Kettcar. Er möchte allein zum Einkaufen gehen, obwohl er eine ganze Straße entlanglaufen muß. Ab und zu besteht er darauf, schon mal länger aufbleiben zu dürfen, verweigert das Mittagessen, und sein Selbstbewußtsein wächst von Tag zu Tag. Inzwischen schläft Wolfgang wieder die ganze Nacht in seinem Bett, er braucht keinen Schnuller mehr und näßt auch nicht mehr ein. Nur seinen Teddy hält er abends noch ganz fest, und zum Einschlafen will er weiterhin an seiner Milchflasche nuckeln.

Über die Schwierigkeit, Träume zu verstehen

Kinderträume können, wenn sie verstanden werden, Auskunft über den derzeitigen Gefühlszustand des Kindes geben und Lösungsversuche für bestehende Konflikte anbieten. Obwohl beide Träume von Wolfgang sowohl den Ablösungswunsch wie auch die Anklammerungsbedürfnisse zeigen, ist doch aus Wolfgangs erstem Traum der Ablösungswunsch deutlicher zu entnehmen, während der zweite unübersehbar die damit verbundenen Ängste zeigt. Auf Grund des zweiten Traums war verständlich, daß Wolfgang sich noch mal in den Baby-Status zurückfallen lassen mußte, um sich sozusagen der Liebe und Zuverlässigkeit der Mutter zu vergewissern, inklusive Bettnässen. Als er alles genügend genossen hatte, da konnte er nun, um im Bild zu bleiben, sich aufs Kettcar schwingen und auf die Weide zu den Schäfchen fahren.

Dies ist eines von sicherlich nicht übermäßig zahlreichen Beispielen dafür, daß der Traum als Verständigungsmittel genutzt wurde. Oft jedoch werden Kinderträume gar nicht beachtet oder nur mit einem Lächeln, Spott oder sogar mit verletzender Ironie von den Erwachsenen als bedeutungslos oder als Unsinn abgetan. Ja, es ist durchaus möglich, daß Kinderträume bei Erwachsenen Ängste auslösen: Womöglich könne es dem Kind schaden, wenn man auf seine Träume eingeht, wird argumentiert.

Solche verbreiteten Reaktionen von Eltern auf die Träume ihrer Kinder mögen erklärlich machen, daß viele Kinder Träume nicht erzählen. Die Tatsache, daß man von Kindern wenig Träume hört, muß also nicht bedeuten, daß sie nicht träumen, sondern kann wohl eher so gedeutet werden, daß die Kinder nicht darüber reden, weil sie ja keinen Grund haben, ihre Träume zu erzählen.

> «Er zeigt
> seinen wiedergewonnenen Baby-Status,
> indem er einnäßt.»

Daß wir dazu neigen, die Bedeutung von Kinderträumen herunterzuspielen, hat gewiß Gründe. Denn die Beschäftigung mit dem Kind ist auch immer Beschäftigung mit dem Kind in uns, mit der eigenen Kindheit. Die Begegnung mit kindlichen Konflikten im Traum kann leicht ungelöste Probleme und Konflikte aus unserer eigenen Kindheit wieder aufwirbeln – Ergebnis ist bei vielen Menschen eine begreifliche Angst vor den Träumen der Kinder. Aber auch, wenn diese Angst die Beschäftigung mit den Träumen nicht verhindert, ist es nicht immer möglich, die Traumbilder so zu verstehen, wie das in dem Beispiel von Wolfgangs Träumen der Fall war. Nicht immer gelingt es, die Traumbotschaften zu entschlüsseln und mit ihrer Hilfe besser auf jene einzugehen, die sich über den Traum mitzuteilen suchen. Denn die Traumbilder beziehen sich auf die Lebenswirklichkeit des Träumers. Fehlen da Informationen und gibt der Träumer selbst sie auch nicht preis, so bleibt der Traum selbst unverstanden. Das kann schlimme Folgen haben, wie das folgende

Beispiel ziemlich drastisch zeigt. In diesem Fall sind einem Lehrer von einem Mädchen, Tochter türkischer Einwanderer, mehrere Träume erzählt worden.

Fatma
und die Dracula-Familie

In den Träumen der meisten Menschen ist die Schule ein Ort der Prüfungen, der Strafen und der peinlichen Erlebnisse. Meist hat der Lehrer im Traum die gleiche Rolle wie ein Zollbeamter oder ein Polizist, kontrollierend und strafend. Ganz im Gegensatz dazu ist in den Träumen der ausländischen Mädchen, insbesondere der Türkinnen, Italienerinnen, Spanierinnen, die Schule ein Hort von Freiheit und Glück, aber auch von Versuchung. Lehrerinnen und Lehrer sind in Phantasien und Traum sehr oft idealisierte Elternbilder, denen gegenüber eine sehr zwiespältige Haltung eingenommen wird. Dies ist nur auf dem Hintergrund der besonders strengen und triebunterdrückenden Erziehung zu verstehen, die bei vielen ausländischen Mädchen das Zuhause zum Gefängnis macht und sie im Gegensatz dazu die Schule als Ort der vielfältigen Möglichkeiten, Begegnungen und verbotenen Phantasien erleben läßt.

Fatma, vierzehn, stammt aus einem kleinen Bauerndorf in Anatolien. Seit zehn Jahren lebt sie in Deutschland. Die Eltern sind strenggläubige Moslems und wünschen, daß ihre Tochter möglichst wenig Kontakt mit einer ihrer Meinung nach unerfreulichen Umwelt haben soll. Und so lebt Fatma seit ihrem zwölften Lebensjahr zu Hause wie in einem Gefängnis. Zwar darf sie – sehr gegen den eigentlichen Willen der Eltern – noch die Schule besuchen, weil das in Deutschland halt Gesetz ist. Doch ist das tatsächlich die einzige Möglichkeit des Mädchens, einmal aus der elterlichen Wohnung herauszukommen. Der Vater herrscht streng und autoritär über die Familie: Angestrebtes Ideal ist, daß seine Töchter einmal ebenso tatkräftige wie folgsame Ehefrauen und Mütter werden sollen wie seine Frau. Und bis dahin ist jeder Kontakt mit Gleichaltrigen, insbesondere aber mit Jungen untersagt. Denn sie sollen «rein bleiben und der Familie keine Schande bereiten».

Zwei Merkmale kennzeichnen die Situation in Fatmas Familie. Das strenge und despotische, dazu triebfeindliche Regiment des Vaters (der nach außen hin alle Gefühle von Wärme und Zuneigung verleugnet) schafft eine Atmosphäre von Heuchelei und Unechtheit und erzeugt ständige Angst vor Strafe. Daraus resultiert die Unfähigkeit der Familienmitglieder zu kommunizieren, die ängstliche Weigerung, den anderen zu verstehen und sich in seine Welt zu versetzen, ja Konflikte überhaupt anzusprechen.

In seinem Lehrer sieht das Mädchen derzeit alle positiven Vatereigenschaften, die es bei seinem Vater so vermißt. Also ist es naheliegend, daß sie dem Lehrer auch Träume erzählt, die sie in Unruhe versetzen und ängstigen.

«Ich war in der Schule, und Mathias hat mit mir geknutscht und mich abgeküßt. Ich habe ihn dann mit heimgenommen, meine Familie hat sich sehr darüber gefreut und ihn aufgenommen. Plötzlich waren alle weg, und ich war allein und ganz traurig.»

Kurz darauf fährt Fatma fort:

«Meistens träume ich von der Schule und den Jungen dort, und das sind fast immer schöne Träume. Einmal habe ich geträumt, ein Junge hat mich fest umschlungen und knutscht mit mir. Da bekam ich ganz wunderschöne Gefühle, und ich habe gehofft, daß sie nie aufhören sollen. Gleichzeitig habe ich gewußt, daß alles nur ein Traum ist. Und als ich aufgewacht bin, habe ich die Bettdecke zwischen meinen Beinen gehabt.»

Stockend und verlegen, aber mit fester Stimme sagt Fatma schließlich: «Die Gefühle in dem Traum waren wunderschön. Ich habe aber Angst, mich unten anzufassen und mir solche Gefühle selber zu machen. Denn vor der Heirat werde ich einmal dort unten untersucht wie jedes Mädchen bei uns. Und wenn nicht alles in Ordnung ist, werde ich verstoßen.»

Im Anschluß an die beiden Traumerzählungen malte Fatma das Bild, das wir für die Umschlagillustration benutzt haben. Sie malte es spontan, geradezu wie unter einem Zwang und nannte es «Mein Traum». Den blonden jungen Mathias, der eine verschämt errötete Fatma küßt, schaute sie zum Schluß etwas unzufrieden an. Plötzlich kam ihr eine Idee: Mit einer Schere schnitt sie sich eine Strähne vom Kopf und klebte sie dem Jungen, um ihn türkisch zu machen und ihn damit (wie im Traum) in die Familie «aufzunehmen», als Bart ins Gesicht.

Auch Fatmas Träume lassen deutlich erkennen, daß in ihnen ungestillte Wünsche des Wachlebens erfüllt werden. Der Traum muß ihr, die bei Tag gezwungen ist, alles Triebhafte und alle Wünsche nach sexueller Befriedigung gewaltsam zu unterdrücken, einen Ausgleich bieten. Die Impulse nach Loslösung und Triebbefriedigung werden bei Tag von ihrem durch die elterlichen Verbote geschärften Gewissen abgewiesen und unterdrückt. Im Traum aber kann Fatma diesen Bedürfnissen nachgeben. Aber selbst im Traum wirken die elterlichen Drohungen noch so stark, daß Fatma, um Ängste und peinliche Gefühle zu vermeiden, die innere mißbilligende Stimme beschwichtigen muß, indem sie sich im Traum sagt: «Es ist ja alles nur ein Traum!» Auch auf dem im brennenden Rot gemalten Bild vom Liebespaar ist die Bedrohung deutlich zu erkennen: Um den

> ## «Außer zur Schule darf Fatma nirgendswohin.»

Hals des Mädchens Fatma legt sich eine sechsfingrige, unheimliche schwarze Hand, die so gar nicht zu dem blonden Jungen paßt. Ist es die drohende Hand des Vaters? Worin die Not Fatmas bestand, das konnte der Lehrer, der sich in die Situation der Schülerin hineinzuversetzen mochte, nachempfinden und verstehen. Aber: Wie groß die Not war, das war ohne darüber hinausgehende Erkenntnisse nicht auszumachen. Und das war auch nicht dem folgenden Traum zu entnehmen.

Es war die Zeit der Dracula-Filme im Fernsehen, und das Motiv vom blutsaugenden Vampir spukte durch viele Kinderträume.

«Ich war die Geliebte vom Grafen Dracula und habe wie dieser Blut saugen können. Da habe ich meine ganze Familie gebissen. Schließlich kam der Dracula und verfolgte mich. Ich rannte vor ihm fort, doch er fing mich. Ich wurde von ihm gebissen und geschlagen. Dann flüchtete ich vor ihm in die Schule. Da habe ich den Lehrer gesehen und war froh, daß mir nichts mehr passieren konnte.»

Das Motiv vom Dracula ist ein sogenannter «Tagesrest», doch warum sich das Unbewußte gerade dieses Bild zur Darstellung wählt, hat natürlich ganz individuelle Gründe. Diese Gründe erschließen sich zum Beispiel einem Psychoanalytiker über freie Einfälle des Träumers zu seinem Traum und über die Verknüpfung dieser Einfälle mit der Lebensgeschichte. Solche Einfälle und Informationen konnte der Lehrer in diesem Falle nicht einholen. Daß in diesem Traum die Loslösungsversuche des Mädchens aus seiner Familie eine Rolle spielten, war ihm deutlich, auch die Tatsache, daß Fatma sich ausgebeutet und ausgesaugt fühlt und dies im Traum den Eltern heimzahlt, konnte er verstehen. Doch warum wird sie vom Vampir gebissen und geschlagen? Fatma wollte über diesen Traum nicht weiter sprechen. Dies wurde akzeptiert, aber so blieb eine Reihe von Motiven dunkel.

Wenig später wurde der Traum auf drastische und erschütternde Weise dechiffriert: Fatma hatte zu Hause eine Überdosis Tabletten geschluckt und wurde in der Schule, in der Unterrichtsstunde bei besagtem Lehrer, ohnmächtig und mußte mit dem Notarztwagen ins Krankenhaus gebracht werden. Als man sie dort untersuchte, stellte man fest, daß der gesamte Körper blau unterlaufen und mit Striemen übersät war. Der Vater hatte sie am Vortag – sie war ohne Ankündigung nachmittags weggegangen – mit einem Gummischlauch geprügelt, bis sie bewußtlos geworden war.

Dabei kam heraus, daß sie vom Vater regelmäßig gezüchtigt wurde. Und damit war auch verständlich, wieso sie zu ihrem Dracula-Traum nichts weiter hatte sagen wollen. Sie hätte ja sonst genau darüber reden müssen, wollte aber die Gewalttätigkeit ihres Vaters nicht preisgeben. So war der verschlüsselte Hilferuf in dem Traum vom blutsaugenden und schlagenden Dracula nicht zu verstehen gewesen.

«Die Gefühle
in dem Traum waren wunderschön.»

Dabei wird in diesem Traum sogar vorweggenommen, daß das Mädchen bei seinem Lehrer Schutz suchte und von ihm Hilfe erwartete («Da habe ich den Lehrer gesehen und war froh, daß mir nichts passieren konnte.»): Ihren demonstrativen Selbstmordversuch hatte sie ja so angelegt, daß er vor den Augen des Lehrers ablaufen mußte, so daß andererseits wirklich «nichts passieren konnte».

Das Fernsehen liefert dem Träumer Material:
das streichelweiche Schäfchen
als Symbol für das Bedürfnis nach Hautkontakt,
der blutsaugende Dracula
als Chiffre für einen Vater, der als zu einengend erlebt wird.

Träume erzählen von Konflikten

Vielleicht ist es mir mit den Träumen von Wolfgang und Fatma gelungen, deutlich zu machen, daß die Volksweisheit «Träume sind Schäume» alles andere als eine Weisheit ist, daß vielmehr die Traumbilder eine Hilfe sein können, die Probleme und Konflikte, die Wünsche und Ängste von Kindern (ebenso wie von Erwachsenen) zu verstehen.

In beiden Fällen habe ich die Geschichten ausführlich erzählt, die zu den Träumen gehören und ohne die die Träume nicht verstanden werden können. Wer sich von seinen Kindern Träume erzählen läßt, der wird in der Regel die dazugehörigen Probleme, die Geschichten, kennen. Denn die Themen der Träume haben in der Regel mit sehr zentralen Fragen der Entwicklung zu tun, wie in diesem Buch noch an vielen Träumen gezeigt wird.

In der Regel meldet der Träumende mit seinen Bildern uns **Konflikte**, die in seinem Leben aufgetaucht sind, an denen er arbeitet, mit denen er nicht ohne weiteres fertig wird.

Bei Wolfgang war es der Konflikt, «groß» sein und sich von der Mutter lösen zu wollen, aber davor zugleich Angst zu haben und sich in den Status des Kleinkindes, den des neugeborenen Rivalen, zurückflüchten zu wollen. Mit seinen Träumen zeigte Wolfgang diesen Konflikt den Eltern, und diese verstanden, daß beide Wünsche ernst genommen werden wollten. Indem sie den «Rückfall» in die Kleinkindlichkeit voll akzeptierten und Wolfgangs Wünsche in diese Richtung annahmen und erfüllten, konnte der Junge die Sicherheit gewinnen, die er brauchte, um den ebenfalls erträumten Schritt in die weite Welt zu tun.

Bei Fatma fanden wir den Konflikt zwischen ihren erwachten sozial-erotisch-sexuellen Bedürfnissen und der strengen Moral eines Vaters aus einer anderen Kultur. Gewiß haben allein schon die Gespräche mit dem Lehrer, die sich an die Träume anschlossen, Fatma ein Stück geholfen, mindestens ihr Schicksal nicht als «gottgegeben» hinzunehmen, auch wenn der Suizidversuch nicht verhindert werden konnte.

Selbst wenn wir den Traum unseres Kindes nicht so deutlich verstehen, sollte er uns doch hellhörig und aufmerksam machen, auch in anderen Äußerungen nach Hinweisen auf uns noch verborgene Konflikte und Probleme des Kindes zu horchen.

In den Traumgeschichten von Wolfgang und Fatma sind wir auch schon auf einige typische Merkmale von Träumen gestoßen.

Mit dem Begriff **«Tagesrest»** haben wir schon darauf aufmerksam gemacht, daß der Traum in der Regel Elemente enthält, welche vom Tagesleben herrühren, gleichsam als Anknüpfungspunkt für seine Geschichte. Das kann etwas ganz Banales, etwas Nebensächliches sein: eine Stimmung, eine Farbe, ein nicht zu Ende gedachter Satz. Bei Wolfgang war es die Situation des Schäfle-Streichelns, die als Tagesrest in den Traum eingegangen ist. Bei Fatma hatten wir zum Beispiel die aus dem Fernsehen stammende Dracula-Figur als einen solchen «Tagesrest» erkannt.

Als ein zweites Merkmal solcher Träume haben wir gesehen, daß sie der **Wunscherfüllung** dienen. Und das kann zunächst einmal ganz aktuell auf den vergangenen Tag oder auch auf eine gegenwärtige Situation bezogen sein, zugleich können aber in diesen Wünschen weiterreichende Bedürfnisse in irgendeiner Weise enthalten sein.

Der Traum in seiner Funktion als **Wächter des Schlafes** erfüllt Wolfgang zum Beispiel den Wunsch nach Streicheln des Schäfchens, den er gestern so massiv unterdrücken mußte und der deshalb halt wieder aufgetaucht ist und den Schlaf zu stören droht. Dieser konkrete Wunsch hat aber eben auch die Bedeutung, daß er sich gegen den Willen der Mutter richtet und Loslösungsbedürfnisse bei dem Jungen signalisiert. Und bei Fatma sind es die erotischen Wünsche, die der Traum erfüllt.

Eine psycho-logische Variante des Wunscherfüllungstraumes ist der **Angsttraum**: Das wird sehr schön an Wolfgangs zweitem Traum deutlich. Er ist wieder auf der Weide, erfüllt sich also den Wunsch, bei den Schafen zu sein, aber diese Wunscherfüllung zieht die Angst

---

«Wunscherfüllungstraum und Angsttraum gehören zusammen.»

---

nach sich, die Mutter könnte dies mißbilligen und ihn daraufhin verlassen: Die Traumgeschichte läßt die Mutter im Auto davonfahren. Wolfgang muß weinen. Wenn man Entwicklung als eine Folge von

Lösungs-Schritten der Kinder von ihren Eltern versteht, wenn man akzeptiert, daß diese Lösung immer auch schmerzhaft ist und Angst auslöst, dann ist es verständlich, wenn viele Kinderträume (wie im nächsten Kapitel noch näher zu erörtern ist) Angstträume sind.

Die Träume, von denen wir bisher gehört haben, sind einfach und unterscheiden sich sehr von den oft «wirren» und langen Geschichten, die Erwachsene träumen. Wiederum an Wolfgangs Situation des Schäfle-Streichelns, die er geträumt hat, können wir verstehen, daß Kinderträume dennoch nicht «simpel» sind. Das Schäfle enthält die Assoziationen an klein und weich und zärtlichkeitsbedürftig, andererseits auf Grund der Situation des mütterlichen Verbotes die

---

«Die Geschichten zu den Träumen
unserer Kinder kennen wir.»

Erinnerung an das Bedürfnis, es dennoch zu tun, also «selbst» etwas zu machen, worin zugleich die Angst vor dem Verlassenwerden aufbewahrt ist. So ist in diesem kleinen Traumbild stark verdichtet vieles enthalten; viele Elemente, die etwas Gemeinsames haben, sind zu einem einzigen Traumbild addiert.

Mit den Träumen von Wolfgang und Fatma haben wir auch gelernt, daß sie nur zu verstehen sind, wenn die Informationen aus der Lebensgeschichte des Träumers, auf die der Traum sich bezieht, dem Zuhörer bekannt sind. In der Regel wird der Traum auf zwei Ebenen zu verstehen sein. Einmal verweist er – wie schon gesagt – auf unerfüllt gebliebene Bedürfnisse aus dem Tagleben, ist also aktuell und konkret zu verstehen: so konnten die Eltern von Wolfgang an dem Traum mit dem Schäfle erkennen, daß sie mit ihrem Verbot sehr starke Wünsche Wolfgangs unterdrückt hatten. Zum anderen ist der Traum **auf einer allgemeineren Ebene** zu entziffern, der der Entwicklung, deren Thema auf verschiedenen Stufen der Wunsch nach «Selbstwerdung» und die Angst davor sind.

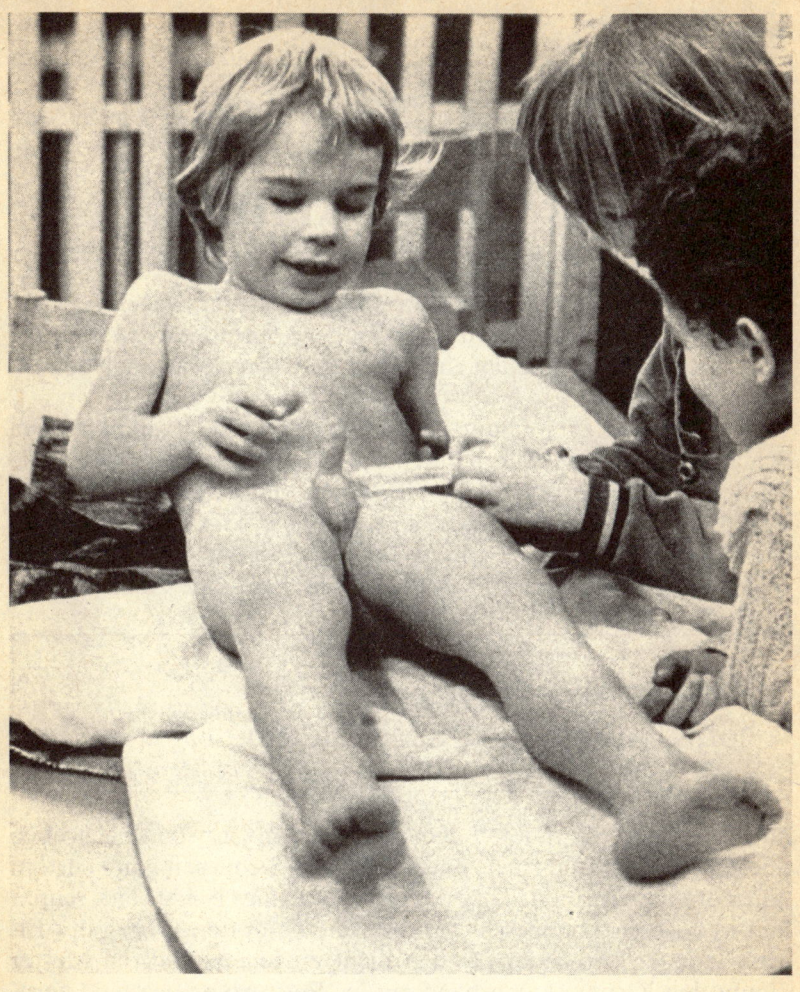

**Im Alter von drei bis fünf Jahren
fangen die Kinder an, ihre genitale Sexualität zu entdecken
und zu erleben:
eine Phase mit vielen Konflikten, die sich in den Träumen spiegeln.**

Kapitel 2

Kindliche Ängste im Spiegel des Traums

Die meisten Eltern werden zum erstenmal, dann aber oft nachdrücklich, mit den Träumen ihrer Kinder konfrontiert, wenn diese voller Angst aus dem Schlaf aufschrecken, weinen oder nach den Eltern rufen.

Christian war drei Jahre und fünf Monate, als er abends beim Schlafengehen seine Eltern zu einem richtigen Ritual nötigte: Die Mutter mußte überprüfen, ob alle Türen und Fenster geschlossen waren, damit ja keine Räuber hereinkommen könnten. Die vielfachen Versicherungen der Eltern, daß sie doch mit in der Wohnung seien, nicht weggingen und es zudem hier gar keine Räuber gäbe,

> «Vor Angst ganz naßgeschwitzt,
> hört Christian nicht auf zu schreien.»

nützten nichts: Sie mußten dem Wunsch von Christian nachgeben und jeden Abend aufs neue umständlich die Sicherheit von Fenstern und Türen überprüfen. Trotzdem wacht er eines Nachts auf, schreit laut und ist ganz naßgeschwitzt. Auf die besorgten Fragen der Eltern kann er vor lauter Brüllen nicht eingehen, und die Mutter nimmt den Kleinen kurzerhand mit ins Bett, wo er sich bald beruhigt. Am nächsten Morgen erzählt er:

«Heute nacht ist ein Räuber hereingekommen. Er wollte ein langes Rohr stehlen. Da hab ich Angst gehabt und die Mama gerufen.»

Eva war fünf Jahre und drei Monate alt, als sie einmal nachts aus einem Angsttraum hochschreckte. Sie war tränenüberströmt, und der Vater mußte ihre Hand festhalten, bis sie wieder eingeschlafen war. Am nächsten Morgen erzählte sie auf Fragen des Vaters, daß sie einen «bösen» Traum gehabt hätte und in letzter Zeit häufig böse Träume gekommen wären. Allerdings weigerte sie sich energisch, einen solch «bösen» Traum zu erzählen, weil sie ja sonst «wiederkommen» würden.

Es ist ein typisches Verhalten von kleinen Kindern, daß sie zu bestimmten Zeiten fest an die Macht der Gedanken glauben: Denken und Wirklichkeit sind für sie nicht unterschieden. Wenn Eva den Traum erzählt, so fürchtet sie, dann kommt er wieder mit all seinen Schrecken! Überreste dieser kindlichen Reaktion finden sich auch bei uns Erwachsenen, wir brauchen dabei nur an die weite Verbrei-

> «Der Vater hatte auch Angstträume –
> Eva atmet auf.»

tung bestimmten Aberglaubens zu denken (z. B. «Wenn man vom Teufel spricht, dann kommt er», weshalb in manchen Gegenden der Teufel nur mit Euphemismen (beschönigenden Bezeichnungen) wie etwa der «Gottseibeiuns» oder ähnlich benannt wird.). Nach einiger Zeit fragt Eva den Vater, ob er früher auch böse Träume gehabt hätte, und will wissen, wie diese wohl gewesen sind. Der Vater erzählt der Tochter von eigenen Angstträumen, wonach Eva aufatmet und entlastet wirkt: Wenn der große Papa auch solche Angstträume überstanden hat, können sie vielleicht doch nicht so schlimm sein. Hätte der Vater gedrängelt, ob mit «liebevoller» und erpresserischer Gewalt («Wenn du ihn mir erzählst, dann kaufe ich dir was Schönes») oder mit direktem Druck die Tochter zu beeinflussen gesucht, Eva hätte sicherlich abgeschwächt, heruntergespielt, – der Traum sei nicht so wichtig gewesen –, oder: sie hätte ihn vergessen. Aber weil sie offenbar spürte, daß es dem Vater darum ging, ihr zu helfen, erzählte sie nach einigem Zögern den Traum:

«Einmal hab ich geschlafen. Erst Kaba getrunken. Bin eingeschlafen. Dann hab ich geträumt, daß Räuber kommen sind. Und dann haben sie einen Schlauch geholt. Bett zusammengeschmissen und sind dann auf der Leiter rumgelaufen. Und dann hab ich schnell ein Buch geholt. Hab sie gehauen. Sind sie fort, haben einen Schlauch geholt und haben mich angesprüht mit dem Schlauch. Und dann bin ich schnell davongerannt. Hab's der Mama gesagt, ist sie kommen, hab ich der Polizei angerufen. Ist sie kommen, hat die Räuber ins Gefängnis. Und dann hab ich zuguckt.»

Warum habe ich diese beiden «Räuber»-Angst-Träume hier zusammengestellt? Nun, es handelt sich um für diese Altersstufe drei bis fünf sehr typische Träume, wozu manche Leserin und mancher Leser gewiß mit dem Kopf nicken kann, wenn sie Kinder in dem Alter haben, die auch ab und zu mal einen Traum erzählen.

Sexualität und Gewissen

Im ersten Kapitel habe ich zu zeigen versucht, daß die Traumgeschichten immer nur auf dem Hintergrund der individuellen Lebensgeschichte zu entziffern sind. Da aber die individuellen Lebensgeschichten in unserem Kulturkreis in manchen Punkten durchaus einen gemeinsamen Nenner haben, gibt es auch in bestimmten Entwicklungsphasen «typische» Probleme, und damit hängt auch zusammen, daß bestimmte Angstträume, die einander in vielem ähneln, zwischen dem dritten und dem fünften Lebensjahr gehäuft auftreten.

Was ist das zentrale Problem, um das es bei den drei- bis fünfjährigen Kindern geht? Nun, in diesem Alter fangen die Kinder an, ihre Sexualität als **konflikthaft** zu erleben.

Viele Erwachsene können nicht ohne weiteres akzeptieren, daß Kinder vom Tage der Geburt an geschlechtliche Wesen sind, mit Trieben und der Fähigkeit, lustvoll zu empfinden. Ja, es gibt Eltern, die weisen solche Beschreibungen noch heute empört als «Unterstellungen» zurück, obwohl es von Freud bis René Spitz eine umfangreiche wissenschaftliche Forschung dazu gibt. Dabei kann jeder selbst sehen, wenn er nur unbefangen genug ist, zu welchen Lustempfindungen schon der Säugling fähig ist, wenn er zum Beispiel genüßlich an der Brust der Mutter saugt; welch befriedigende Wirkung die Darmentleerung für ihn haben kann; wie lustvoll der war-

«Die erotische Zuneigung des Mädchens zum Vater
macht die Mutter zur Rivalin –
und das macht große Angst vor Strafe
und Liebesverlust.»

me Urin beim Einnässen erlebt wird; wie genießerisch Vierjährige auf Stofftieren schaukeln oder an den Geschlechtsteilen spielen, oft bis zum deutlichen Lustempfinden. Allerdings erlebt das kleine Kind – und das ist der Unterschied zum Erwachsenen – die eigene Sexualität zunächst noch naiv und ohne Schuldgefühle.

Etwa bis zum vierten Lebensjahr entdecken die Kinder den Unterschied zwischen Junge und Mädchen und auch ihre Geschlechtsorgane als kleine Lustspender. Viele Erlebnisse haben in unserem Kulturkreis das Kind in dem Alter aber auch darüber belehrt, daß Lust nicht ohne weiteres ausgelebt werden darf. Elterliche Gebote und Verbote und mehr noch das Vorbild von Vater und Mutter mit all den zwiespältigen Reaktionen gegenüber allem Geschlechtlichen (etwa das Erschrecken des Vaters, wenn er entdeckt, daß der vierjährige Sohn an seinem steifen Glied spielt, das Nicht-darüber-Reden, die Empfindlichkeit beim Drüber-Reden, die Verkrampftheit bei der Billigung): all dies läßt im Kind eine kontrollierende und regulierende Gewissensinstanz entstehen: Viele der bisher als lustvoll erlebten Triebimpulse werden damit so unangenehm besetzt und verpönt, daß sie aus dem Bewußtsein verdrängt werden müssen.

Schwerer allerdings noch als die Reaktion der Umwelt mit ihrer «Regulierung» der Triebimpulse wiegt noch etwas anderes. Die Phantasien der Kinder, die sich mit der Entdeckung ihrer lustspendenden Geschlechtsorgane verbinden, richten sich ganz natürlicherweise auf den gegengeschlechtlichen Elternteil. Mädchen erleben (manchmal auch nur unbewußt) sexuelle Wünsche und Regungen gegenüber dem Vater (bei den Jungen ist es entsprechend die Mutter) – und diese Zuneigung zum Vater läßt nun die Mutter als Rivalin erscheinen, auf die sich alle denkbaren negativen Gefühle wie Neid, Eifersucht und Haß richten: Es ist allzu verständlich, daß die-

«Die erotische Zuneigung des Jungen
zur Mutter
macht den Vater zum Rivalen –
und das macht große Angst vor Strafe
und Liebesverlust.»

ser Ausbruch gegen die Mutter (beim Jungen entsprechend gegen den Vater) zugleich heftige Ängste und Schuldgefühle hervorruft, da ja die Abhängigkeit von der Liebe der Mutter noch groß ist und diese als Vorbild bewundert und nachgeahmt wird.

Diese Konflikte sind so schwer und schwierig, daß sie verständlicherweise oft ganz aus dem Bewußtsein und dem Tagleben verbannt werden. Aber damit sind weder die erotisch-sexuellen Triebimpulse aus der Welt noch die nunmehr quasi an sie angeklebten Ängste. Nachts machen sie sich bemerkbar, versuchen, den Schlaf zu stören, und der Traum als Wächter des Schlafs muß sozusagen in sein Amt eintreten. Oft sind die Triebimpulse für den Träumer so beunruhigend, daß der Traum die Dinge nicht einmal beim Namen zu nennen wagt. So wie der Aberglaube «Gottseibeiuns» statt Teufel sagt, so verzerrt auch der Traum.

Das ist auch der Grund, weshalb die beiden Träume von Christian und Eva ein bißchen phantastisch und grotesk wirken. Vor dem Hintergrund der kindlichen Triebentwicklung können wir nun versuchen, sie zu entziffern.

Bei Christian ist es der typische Traum eines kleinen Jungen, der fürchtet, wegen seiner sexuellen Betätigungen und den begleitenden (wohl, wenn auch im Traum nicht deutlich werdend, auf die Mutter gerichteten) Phantasien bestraft zu werden. Bestraft von einem Räuber, also einem wilden und rücksichtslosen, wenig differenzierten männlichen Wesen. Und die Strafe, die soll darin bestehen, daß er ein langes Rohr verlieren soll. Was kann das anderes sein als sein derzeit so hoch geschätztes Glied?

Auch in Evas Traum gibt es wilde Räuber. Die schmeißen ein Bett zusammen. Dafür werden sie gehauen, daraufhin spritzen sie gar mit dem Schlauch, und schließlich werden sie von der Polizei ins Gefängnis geworfen, was offensichtlich mit Genugtuung beobachtet wird. Typisch für das jetzige Alter des Mädchens sind aggressive und erotische Wünsche und Phantasien und daraus herrührende starke Schuldgefühle. In der Zeit dieses Traums masturbierte Eva fast jeden Abend, indem sie so ekstatisch auf ihrem Stoffbären ritt, daß wirklich fast das Bett einfiel. Die Räuber, die im Traum mit Schläuchen spritzten, können wir als aggressiv-sexuelle Triebanteile übersetzen, als jene Wünsche, die sich auf den Vater richteten und ihr so große Angst machten, weil sie mit Eifersucht auf die Mutter (und deshalb Angst vor Verlust der Mutter) einhergingen. Eva wollte die Liebe der Mutter nicht verlieren und lief darum im Traum zu ihr, bevor sie die Polizei holte, die wir als die Instanz ansehen können, mit deren Hilfe Eva der angstmachenden Triebimpulse Herr wird: Zum Schluß kann sie zugucken. Die Gefahr ist gebannt.

> «Eva wollte die Liebe der Mutter
> nicht verlieren,
> darum lief sie im Traum zu ihr.»

Angstträume dieser Art sind, wie gesagt, für drei- bis fünfjährige Kinder auf Grund ihres ähnlichen Schicksals in unserer Kultur typisch und einander ähnlich. Angstträume im Kleinkindalter sind eine durchaus normale Erscheinung, weil das noch relativ schwache kindliche Ich von den ersten sexuellen und aggressiven Triebregungen geradezu überschwemmt wird. Es muß lernen, mit ihnen umzugehen. Und die Träume zeigen ein Stück von diesem Prozeß. Im Zentrum stehen dabei die Ängste, die durch die erotischen Wünsche in bezug auf Vater (bei Mädchen) und Mutter (bei Jungen) vor der Strafe und Verlust des anderen Elternteils entstehen. Die unerschütterliche Zuwendung des «Konkurrenten» ist dabei die beste Hilfe.

Dieser Prozeß kommt im allgemeinen im Alter von sechs bis sieben Jahren zu einem gewissen Abschluß. Durch die Einschulung werden nun auch die Interessen des Kindes auf die Welt außerhalb der Familie in stärkerer Weise als bisher gelenkt. So kommt es aus inneren und äußeren Gründen zu einer relativen Beruhigung von sexuellen Phantasien und Betätigungen. Im allgemeinen werden deshalb auch die Angstträume seltener, vorausgesetzt, die kindlichen Konflikte wurden einigermaßen gelöst. Dies ist allerdings nicht immer der Fall.

Alfreds Angsttraum –
Signal
eines ungelösten Problems

Alfred, zehn Jahre, klein, zierlich und blaß, hellbraune Haare und im Kontrast dazu große schwarze Augen, ist ein schüchterner, kontaktarmer Junge. Er lacht nie, und seine Gesichtszüge wirken wie versteinert. Tagsüber zieht Alfred sich meist in sein Zimmer zurück, wo er an seinen Flugzeug- und Schiffsmodellen bastelt. Seit einem Jahr träumt Alfred wiederholt denselben Angsttraum, und es ist soweit gekommen, daß er sich jeden Abend fürchtet, ins Bett zu gehen, aus Angst vor einer Wiederholung des Traums. Die Mutter, die mit Alfred in einem Zimmer schläft, berichtet, daß der Junge jede Nacht sehr unruhig schlafe, um sich schlage und laut aufstöhne.

Alfreds Traum:

«Ich gehe auf der Straße. Plötzlich sind viele Löcher da, und ich versinke. Die Löcher werden immer größer, ich bin nicht mehr zu retten und versinke.»

Alfred meint noch:

«Irgendwie hat der Traum etwas mit meinem Vater zu tun.»

**Der Tod des Vaters fiel in jene Zeit, als Alfreds Zuneigung zur Mutter
bei ihm auch Todeswünsche gegen den Vater hervorgebracht hatte:
eine unheilvolle Erfüllung, die in Alfred massive Schuldgefühle zementierte.**

An Alfreds fünftem Geburtstag wollte seine Mutter den Geburtstagskaffeetisch richten, doch der Junge quengelte ungeduldig und störte sie dabei. Um die Mutter ungehindert arbeiten zu lassen, schlug der Vater eine kleine Radtour von einer halben Stunde vor. Er nahm Alfred auf den Kindersitz und radelte los. Was dann geschah, konnte später nur bruchstückhaft in Erfahrung gebracht werden. Alfred wurde jedenfalls von Spaziergängern laut kreischend mit ein paar Schürfwunden aufgegriffen. Immer wieder hätte er geschrien: «Papa – Loch!» Schließlich fand man den Vater neben dem verbeulten Fahrrad. Er lag auf dem Rücken, und in seinem Kopf klaffte ein großes Loch. Offensichtlich war er von einem überholenden Auto erfaßt worden, dessen Fahrer aber geflüchtet war, er wurde jedenfalls nie bekannt. Wie durch ein Wunder war Alfred unverletzt geblieben, doch der Vater war so unglücklich gestürzt, daß er auf der Stelle tot war.

Der tödliche Unfall des Vaters wirkte als einschneidende und schmerzhafte Erfahrung in das weitere Leben des Jungen hinein. Jahrelang wollte Alfred von dem schrecklichen Vorfall zunächst nichts wissen. Mit einemmal aber wollte er alles darüber erfahren und fragte die Mutter über alle Einzelheiten, bis es dieser zuviel wurde. Wie unter einem Zwang glaubte der Junge plötzlich, daß der Vater bei dem Unfall nicht gleich tot gewesen wäre und ihm noch

etwas hätte sagen wollen. Er in seiner großen Angst sei jedoch feige davongelaufen. «Ich bin daran schuld, daß unser Papa tot ist!» – darin gipfelten endlich die Selbstvorwürfe des Jungen.

Nun war der Vater ja tatsächlich wegen ihm mit dem Rad weggefahren, doch weshalb blieben die Selbstvorwürfe auch nach der langen Zeit von fünf Jahren so grausam und so streng? Warum gelang es Alfred nicht, den Tod des Vaters zu verarbeiten? Warum mußte der Junge in dieser geradezu krankhaften Trauer verharren?

Träume vom Fallen ins Unendliche oder in große, meist dunkle Löcher kommen häufig bei Pubertierenden vor und sind Bilder für die Ängste und Erschütterungen, welche der Eintritt in den neuen Lebensabschnitt mit sich bringt. Der Ursprung von Alfreds Angst-

> «Seine geheimen Todeswünsche
> gegen den Vater
> waren Wirklichkeit geworden.»

traum aber liegt in den nicht gelösten frühkindlichen Konflikten: Im Alter von fünf Jahren hatte auch Alfred seine erotischen Wünsche auf die Mutter gerichtet und den Vater als lästigen Rivalen erlebt. Nicht selten ist diese Liebe der Mutter mit einem so heftigen Haß gegen den Vater gekoppelt, daß er in der Phantasie von Todeswünschen begleitet ist.

Wenn Alfred sich Vorwürfe macht, am Tod des Vaters die Schuld zu tragen, so kann das äußerlich auf die Tatsache bezogen sein, daß der Vater wegen seines Quengelns mit ihm fortgefahren ist, aber zugleich sind die Vorwürfe auch Ausdruck der Schuldgefühle des Fünfjährigen, dessen geheime Todeswünsche gegen den Vater in so tragischer Weise verwirklicht wurden.

Der Konflikt konnte bis heute nicht gelöst werden, und die intensive und enge Beziehung zur Mutter, mit der Alfred ja sogar das Schlafzimmer teilt (wie einst der Vater), wie auch die leise beginnende Pubertät verschärfen ihn noch. Die Angst vor den «gefährlichen Löchern» hat sicherlich ihren Ursprung in der Erinnerung an die tödliche Verwundung des Vaters. Diese Angst erhält ihre Nahrung aber auch aus der ständigen Nähe der Mutter, die – wie schon auf den Fünfjährigen – faszinierend und verführerisch und damit auch bedrohlich wirkt. Der ständig sich wiederholende Angsttraum zwingt nun Mutter und Sohn endlich zur Auseinandersetzung mit den Problemen der Vergangenheit, aber auch zu einer Klärung der aktuellen Konflikte in der Gegenwart.

Alfreds Mutter spricht mit mir über die möglichen Ursachen des sich wiederholenden Angsttraumes. Und sie erzählt, daß sie selber voller Angst sei, weil viele verbotene Phantasien um den Jungen kreisen würden. Unbewußt hat die Mutter Alfred in die Rolle des verstorbenen Ehemannes gedrängt. Er ist heute ihr einziger Vertrauter, hat keine Freunde, weil er ja die Mutter hat, und schläft, wie gesagt, neben ihr im Bett. Nicht nur Alfred wird durch die ständige Nähe der Mutter stimuliert, sie selber beginnt zu spüren, wie die körperliche Nähe des Jungen, die ersten puberalen Merkmale Phantasien bei ihr auslösen und sie in Versuchung führen. Das erklärt, wieso der Junge sich aus der Verstrickung des frühen Konfliktes nicht lösen kann, wieso er sich auch nicht von der Mutter zu lösen und ein eigenes Selbst zu finden vermag. So bleibt der frühkindliche Konflikt aktuell. Und immer wieder muß Alfred angstvoll den gleichen Traum durchleben.

Nach diesem Gespräch ist der Kontakt mit Alfreds Mutter abgerissen. Den nächsten vereinbarten Termin sagte sie ab, und sie hat sich auch nie wieder an mich gewandt. Warum, das kann ich nur vermuten: Vielleicht sind durch diese Gespräche ihre Ängste, zum Beispiel Alfred abgeben zu müssen, zu sehr geschürt worden. Vielleicht aber auch hat sie es geschafft, den Jungen nicht mehr so eng an sich zu ketten, so daß das Problem und damit der Angsttraum, der es sichtbar machte, verschwunden sind?

Bisher haben wir vorwiegend Angstträume unter dem Gesichtspunkt erster sexueller Konflikte, einem allgemein verbreiteten Schicksal, betrachtet. Dies hat insofern seine Berechtigung, als diese Konflikte sehr verbreitet sind und sicherlich in den meisten Angstträumen dieses Alters eine zentrale Rolle spielen. Aber natürlich gibt es auch noch andere Ursachen, die Kinder ängstigen und auf die ihre Träume hinweisen. Bevor ich mich einer solchen Traumgeschichte zuwende, allerdings noch ganz etwas anderes: eine Traumgeschichte, in der der Traum die Auflösung einer Angst ist, die offenbar aus einem sexuellen Konflikt entstand.

Eva und das Rumpelstilzchen

Eva, drei Jahre und sechs Monate alt, war mit ihren Eltern in einem Märchengarten. Als sie dort etwas unvermittelt eine sprechende Märchenfigur, das Rumpelstilzchen, sieht, erschrickt sie so heftig, daß sie weint. Der Vater nimmt sie auf den Arm, tröstet und streichelt sie und flüstert ihr Beruhigendes ins Ohr. Sie kuschelt sich ganz fest an den Vater und genießt offensichtlich den Trost. Anschließend geht sie auf kein Gespräch über den Vorfall mehr ein und tut, als sei nichts passiert. Sie hat jedoch deutlich Angst, wieder in den Märchengarten zu gehen. Einige Zeit später, eines Morgens, erzählt sie mit leuchtenden Augen:

«Heute nacht hat ein Zwerg zum Fenster hereingeschaut, der hat gewußt, wo ich wohne. Er hat nur hereingeschaut und ist dann wieder gegangen.»

Und nach kurzer Pause fragt Eva zur Überraschung aller: «Papa, gehen wir heute in den Märchengarten?»

Hat Rumpelstilzchen als Symbolfigur für genitale Sexualität in Eva den Wunsch spürbar gemacht, den Vater zu «besitzen» und sie deshalb so erschreckt?

Eva hat sich in dem Traum mit dem Zwerg versöhnt. Da war er gar nicht mehr so gefährlich und furchterregend wie bei der ersten Begegnung im Märchengarten, sondern eigentlich ganz nett. Die Eltern wissen, daß Eva das Erlebnis nicht mehr verdrängen muß, sondern die Angst verarbeitet hat.

Warum aber hat sie erst so erschrecken müssen, warum ist die Angst jetzt wie weggeblasen? Typisch für den Zwerg mit seiner roten Kappe ist seine kleine gedrungene Gestalt. Seine Kleinheit steht im Gegensatz zu seiner Bedeutung: Er gilt als Symbol für das männliche Glied. Evas Erschrecken ist darum ganz charakteristisch für die beginnende Phase sexueller Entwicklung bei ihr. Es ist die Zeit, wo der Geschlechtsunterschied entdeckt und erste genitale Lust empfunden wird. Dies geht, wie vorher schon erwähnt, einher mit intensiven Anlehnungswünschen an den Vater, die aber zugleich auch schon schuldhaft und als «böse» erlebt werden. Evas Begeg-

> «Sie kuschelt sich an den Vater
> und genießt den Trost.»

nung mit dem Zwerg hat ihren Triebkonflikt offenbar ins Bewußtsein gehoben und damit Angst und Schrecken ausgelöst. Erst nachdem der Vater die Tochter zärtlich auf den Arm genommen hatte, fühlte Eva, daß ihre Wünsche nicht verpönt bleiben müssen. Allerdings braucht sie einige Zeit, bis sie sich ganz mit dem Rumpelstilzchen ausgesöhnt hat. Aber nach dem Traum kann sie den Vater sogar ganz keck auffordern, mit ihr zu dem Zwerg zu gehen, gerade so, als wollte sie ihm damit ein deutliches Angebot machen.

Weil die Verantwortung zu groß war ...

Melanie war fünfeinhalb Jahre alt, hatte blonde Haare, blaue Augen und war ein zartes, sensibles Kind. Sie hing sehr an ihrer Mutter, malte, bastelte, nähte und kochte mit ihr, wann immer sie konnte. Ansonsten ging sie leidlich gern in den Kindergarten und spielte recht häufig mit ihrem Freund Uli. Dann trat bei mehreren Kindern im Kindergarten eine fieberhafte Darmgrippe auf, und auch Melanie war mit dabei. Das wäre nun nicht weiter schlimm gewesen, aber am Samstag wollte die Familie in den Urlaub fahren – ein Ferienhaus in F. war schon gemietet. Melanie kennt den Ort und hat sich sehr darauf gefreut, denn im letzten Jahr war die Familie schon einmal dort. Nun liegt sie ganz bleich mit großen Augen im Bett, hat Fieber, und alle Familienmitglieder sind traurig. Nicht nur, weil die kleine Melanie krank ist, insgeheim natürlich auch, weil der ganze schöne Urlaub ins Wasser zu fallen droht.

In der folgenden Nacht schläft das Mädchen sehr unruhig, muß mehrmals aufs Klo, möchte zu trinken, erbricht. Nach einiger Zeit fängt sie an, laut zu weinen, und ruft nach der Mutter. Ganz bleich sitzt sie in ihrem Bett und heult herzzerbrechend. Für Kinder ist es oft schwieriger als für Erwachsene, zwischen dem Traumleben und der Wirklichkeit zu unterscheiden, aus dem Traum in die Wirklichkeit zurückzufinden. Eine Verstärkung der gewohnten Umweltreize übt deshalb meist schon eine hilfreiche Wirkung aus: Melanies Mutter macht erst einmal das Licht an, nimmt das Mädchen in den Arm, so daß es die Körperwärme spürt und nicht mehr das Gefühl hat, allein zu sein. Sie spricht beruhigend zu der Kleinen, singt ihr ein Lied vor, und wenig später sind Melanie die Augen wieder zugefallen. Die Mutter läßt die Tür einen Spalt offen, damit etwas Licht hineinfällt, doch das Mädchen schläft jetzt durch. Und am nächsten Morgen erzählt es:

«Heute nacht hab ich geträumt, wir sind in F. angekommen. Aber das ganze Haus war leer. Es waren keine Möbel drin zum Wohnen. Dann mußten wir wieder heimfahren.»

Wenn man annimmt, daß auch dieser Kindertraum ein Wunscherfüllungstraum ist, dann erscheint es zunächst merkwürdig, daß sich das Mädchen wünscht, daß die Wohnung am Ferienort leer sein soll. Aber nur auf den ersten Blick. Wenn wir genauer hinsehen, erscheint es sogar zwingend notwendig, daß die Wohnung im Traum leer ist, denn dann braucht man ja gar nicht erst hinzufahren. Dann können alle genauso gut gleich hierbleiben, und Melanie darf mit gutem Gewissen krank bleiben; dann ist sie es nicht mehr, welche die Urlaubsreise verhindert, sondern es sind ganz andere Umstände. Weil sie die Eltern so gerne hat, ist ihre Angst auch sehr groß, die Liebe der Eltern zu verlieren. Und unbewußt hat Melanie sehr wohl gespürt, auch wenn man ihr es nicht direkt gezeigt hat, daß ihr ein leiser Vorwurf gemacht wurde, wenn der schöne Urlaub wegen ihr nicht stattfinden sollte. Insofern scheint der Konflikt im Traum gut gelöst worden zu sein: Ich bin nicht schuld daran, daß es keinen Urlaub gibt, und verliere deshalb auch nicht die Liebe meiner Eltern, denn die Wohnung war ja leer. Trotzdem war der Traum offenbar höchst unlustvoll mit Angst und Erschrecken verquickt. Dies rührt daher, daß die Wunscherfüllung im Traum trotz allem offenbar nur unvollkommen gelang. Die bei Melanie offenbar sehr starken Schuldgefühle setzten sich zu nachdrücklich durch. Sie ließen sich auch durch die Vortäuschung der leeren Wohnung in F. absolut nicht beschwichtigen, und deshalb ist die Wunscherfüllung mißglückt. Das Mädchen erwachte, weil die Angst immer größer wurde.

Durch den Traum und das damit verbundene angstvolle Erwachen erkannten die Eltern, wie schwer die Schuldgefühle das Mädchen drückten. Denn die Eltern hatten es ja laut und deutlich ausgesprochen: Ob und wann in den Urlaub gefahren würde, das mußte davon abhängen, wann «die Kleine» wieder ganz gesund sein würde. Ansonsten würde man lieber verzichten. Damit aber hatte man

> «Warum wünscht sie sich,
> daß die Wohnung am Ferienort
> leer sein soll?»

ihr die ganze Verantwortung für die Zufriedenheit der Familie zugeschanzt und aufgebürdet, welche zentnerschwer auf ihr lastete.

Der Traum bewog nun die Eltern, anders zu entscheiden: Darmgrippe hin, ärztlicher Rat her – das Auto wurde so hergerichtet, daß Melanie bequem drin liegen konnte, und die Familie fuhr zum ausgemachten Termin ins Ferienhaus. Schon am nächsten Tag war das Mädchen fieberfrei, wenig später ganz gesund, und die Familie verlebte einen erfreulichen Urlaub.

Kapitel 3

Probleme der Pubertierenden

Träume – und dabei ist es gleichgültig, ob es sich um Träume von Kindern, Heranwachsenden oder Erwachsenen handelt – können letztlich nur entziffert werden, wenn die dazu notwendigen Details aus der Lebensgeschichte des Träumers bekannt sind.* Dennoch führen bestimmte Gleichförmigkeiten und Ähnlichkeiten in der Entwicklung der Kinder und Jugendlichen in unserem Kulturkreis immer wieder auch zu ähnlichen Problemen und Konflikten in der Entwicklung, die sich dann in entsprechenden Traumbildern zeigen.

In der Pubertät ist, wie sollte es anders sein, ein wichtiges Thema die sich entfaltende Sexualität, und ein zweites wichtiges Thema ist, damit zusammenhängend, der Aufbruch in die neue Welt des Erwachsenseins.

«Einbruch der Sexualität»

Das Erwachen der Sexualität wird von nicht wenigen Kindern als ein Einbruch in ihr Leben erlebt, der Angst und Schrecken verbreitet. So ist es auch dem vierzehnjährigen Jungen gegangen, der das Bild auf Seite 43 gemalt hat, in dem die gewaltigen Lavaeruptionen den ängstigenden Triebansturm symbolisieren, von dem der Zeichner nicht wußte, wie er ihn bändigen sollte (s. auch die Farbtafel I oben, auf die in etwa dieselbe Beschreibung zutrifft).

Die Folge dieser Überschwemmung des jugendlichen Ichs durch sexuelle Reize, Bedürfnisse und Phantasien aus seinem Inneren sind oft beunruhigende Angstträume, die sehr an jene aus der frühen Kindheit erinnern.

Edwina war dreizehn Jahre alt, als sie folgenden Traum hatte:

---

* Diese Tatsache habe ich im 1. Kapitel an den Träumen von Wolfgang und Fatma zu zeigen versucht.

«Ich habe geträumt, eine Schnecke kriecht ganz langsam an meinem Bett herauf und unter meine Bettdecke. Ich geriet in große Angst und habe laut nach meiner Mutter gerufen.»

«Schnecke» ist in einigen deutschen Gegenden (auch in jener, in der Edwina wohnt) ein umgangssprachlicher Ausdruck für das weibliche Geschlechtsorgan. Diese Schnecke also verbreitet solche Angst in Edwinas Bett und unter der Bettdecke, daß das Mädchen die Mutter rufen muß. Insofern erinnert dieser stark an Evas Traum von den spritzenden Räubern, wo auch die Mutter zu Hilfe gerufen wurde.

Daß die Schnecke so große Angst verbreitete, das wird erklärlich, wenn wir erfahren, daß Edwina ein Einzelkind ist und von der Mutter sehr gehätschelt und überbehütet wurde. Denn immer hat ja die erwachende Sexualität auch die Bedeutung des Selbständig-Werdens, des Sich-Lösens. Diese Lösung aber verursacht ganz natürlicherweise immer auch Schmerz und Angst. Werden Schmerz und Angst aber nicht durchgestanden, gelingt die Lösung nicht, so kann es zum Entwicklungsstillstand kommen, zur Festschreibung des Konflikts und damit einhergehender Qual bis hin zur Agonie. Noch ist es Edwina in ihrem Traum mit Hilfe der Mutter gelungen, die Angst vor den Versuchungen der unheimlichen Schnecke einzudämmen und die notwendige Ablösung zu vermeiden.

Aber selbstverständlich erleben nicht alle ihre neu sich entfaltende Sexualität in so problematischer Weise. Oft steht auch das lust-

> «Die Ablösung von den Eltern verursacht immer auch Schmerz und Angst.»

volle Erleben im Vordergrund. Die vierzehnjährige Margrit erzählte zum Beispiel folgenden Traum und war dabei recht verärgert:

«Heute nacht habe ich einen ganz arg schönen Traum gehabt. Dann bin ich leider aufgewacht. Ich habe versucht, wieder einzuschlafen und weiterzuträumen. Es ging aber nicht!»

Mit schöner Unschuld berichtet Margrit von ihrer leisen Faszination durch die sexuelle Lust. Doch ganz unproblematisch ist ihr Traumerlebnis offenbar nicht: Ihren Wunsch, noch einmal in das Traum-Paradies zurückzukehren, kann sie sich nicht erfüllen. Wenn die Sexualität von Pubertierenden in der Regel schon sozusagen «an sich» als problematisch erlebt werden kann, so ergeben sich doch die entscheidenden Probleme aus den sozialen Bedeutungen, die die sexuellen Veränderungen haben. Das ist sehr schön an dem Traum der dreizehnjährigen Hanna abzulesen. Hanna ist körperlich früh entwickelt. Ab und zu kommt es vor, daß ihr einmal ein Mann hinterher pfeift. Und das registriert sie durchaus mit Genugtuung. In der Schule hat sie mit ihren Reizen offenbar auch den Hausmeister nicht ganz kalt gelassen, der ihr seit neuestem immer recht interessiert und aufmerksam nachsieht. In dieser Situation hat Hanna folgenden Traum:

«Ich ging in den Keller, um Sprudel heraufzuholen. Da stand eine vermummte Gestalt in der Ecke, nur die Füße schauten heraus: Jemand mußte den Hausmeister eingewickelt haben. Ich hatte große Angst, in die Ecke hineinzugucken. Dabei ist der Hausmeister doch geradezu ein netter Mensch!»

Der dunkle und abgelegene Keller löst einerseits Ängste vor unheimlichen Dingen aus, andererseits aber auch verführerische Vorstellungen. Als tiefst gelegener Ort im Haus kann der Keller im Traum auch die «unteren» Körperregionen symbolisieren. Dort also entdeckt Hanna im Traum den Hausmeister. Irgend jemand hat ihn «eingewickelt». Bedeutet das hübsche Wortspiel, daß sie, Hanna, ihn «eingewickelt», das heißt «umgarnt», hat? Daß es im

> «Und manchmal pfeift der Hanna
> schon ein Mann hinterher.»

Traum ein «Jemand» ist, der den Hausmeister eingewickelt hat, deutet darauf hin, daß Hanna, auch wenn sie die Blicke der Männer genießt und mit Genugtuung registriert, offenbar ihre neugewonnene erotische Gestalt und Anziehungskraft noch nicht als ihr «Eigenes» erlebt.

Andererseits wurde der Hausmeister – nun im wörtlichen Sinn – so sehr eingewickelt, daß nur noch die Füße herausschauten, daß man also die männliche Gestalt gar nicht mehr erkennnen konnte.

Der Vulkanausbruch ist für viele Kinder ein angemessenes Bild dafür, wie sie die in der Pubertät wieder einsetzende Sexualität erleben. (s. auch Farbtafel 1)

Der Hausmeister «ist geradezu ein netter Mensch» – doch richtig hinzugucken, davor hat Hanna trotz der Unkenntlichmachung Angst.

Die Sexualität ist, um es noch mal zu sagen, in der Pubertät also nicht nur ein Problem des erwachenden Triebes und in dieser Hinsicht Thema von Angstträumen, sondern vor allem, weil dieser erwachende Trieb soziale Folgen hat: wie zum Beispiel die notwendige Loslösung von der Mutter (siehe Edwinas Traum) oder – wie hier in Hannas Traum – die sich entfaltende erotische Anziehung, mit der umzugehen auch gelernt sein will.

Masturbation:
die Fälle Christa und Jörg

Die Masturbation nimmt im Leben der jungen Menschen eine zentrale Rolle ein. Die umfassende Aufklärung über die Funktion der Geschlechtsorgane, wie sie heute von vielen Medien geleistet wird, auch die «Freisprechung» der Onanie in denselben Medien und die scheinbar unbefangene Art vieler Jugendlicher, darüber zu sprechen – dies alles kann nicht darüber hinwegtäuschen, daß die Masturbation in vielen Fällen mit Befürchtungen unterschiedlichster Art und Schuldgefühlen verbunden ist. Denn Schuldgefühle und Ängste lassen sich nicht einfach «ausreden». Angst, Scham und Reue rühren aus dem Konflikt zwischen dem immer wieder neu auflebenden Trieb, dessen Kraft und Gewalt man sich nicht entziehen kann, und einem moralisierenden Gewissen.

Diese Konflikte und Probleme finden sich auch in den Träumen der Pubertierenden wieder, wobei für mich auffällig ist, daß die Masturbationsthematik in den mir bekannten Fällen viel häufiger in Träumen von Jungen vorkommt als von Mädchen.

Selbstverständlich haben auch die Masturbationsträume über die sexuelle Problematik hinaus eine lebensgeschichtliche Bedeutung, ohne die sie nicht zu verstehen sind. Das wird ganz besonders deutlich an der einzigen Fallgeschichte eines Mädchens, die hier zum Thema «Masturbation» erzählt werden soll.

Christa stammt aus einer pietistischen Familie, aus einer Welt der strengen Frömmigkeit, wo weltliche Freuden verneint und Triebhaftigkeit abgelehnt werden. Seit ihrem sechsten Lebensjahr war sie immer wieder wegen schweren Gelenkrheumatismus' für lange Monate im Krankenhaus. Heute muß sie sich an Krücken fortbewegen. Christa, die so lange Zeit ans Bett gefesselt war, begann früh, regelmäßig zu masturbieren. Zur Zeit dieses Berichtes war Christa fünfzehn Jahre alt, lebte zurückgezogen und ohne Kontakt zu Gleichaltrigen, und die Masturbation hatte eine entsprechende große Bedeutung für sie bekommen. Sie masturbierte oft bis zu fünfmal am Tag. Dabei litt sie unter außerordentlich starken Schuldgefühlen. Die Eltern wußten nichts von der Not des Mädchens, das mit seinen Schuldgefühlen nicht fertig wurde. Sie betrachtete inzwischen ihre Krankheit, die sie von einem normalen Leben mit und unter Gleichaltrigen ausschloß, als eine Strafe Gottes für ihren Ungehorsam und

> «Die Eltern wußten nichts davon,
> wie sie unter ihren Schuldgefühlen litt.»

ihre schweren «Sünden». Immer wieder nahm sie sich vor, nicht mehr zu masturbieren, und wurde – selbstverständlich – im nächsten Moment rückfällig. Schließlich träumte sie den folgenden Traum, der sie schrecklich ängstigte und sie noch Wochen später in der Erinnerung peinigte:

«Ich war in einem großen Zimmer, wie in einem Krankenhaus. Da habe ich versucht, ein kleines Kügelchen, das wie irr im Raum herumgesaust ist, zu fangen. Plötzlich bin ich ganz steil in die Tiefe gefallen. Da habe ich große Angst bekommen und bin gefallen und gefallen . . .»

Das Motiv vom «Fallen» spielt in Sexualträumen eine größe Rolle. In Christas Traum bekommt dieses Fallen etwas besonders Bedrohliches dadurch, daß es so unendlich und endgültig zu sein scheint. Es sind ihre Phantasien vom «gefallenen Mädchen» und der Vorstellung vom Höllensturz einer Verdammten: Sie fühlt sich wegen ihrer sexuellen «Vergehen» schuldig geworden und – im Sinne des Wortes – dem Teufel «verfallen». Nicht ohne Grund beginnt der Traum in einem Krankenzimmer, dort, wo die erzwungene Einsamkeit nur noch den Rückzug auf den eigenen Körper und seine unversiegbare Lustquelle zuließ. Dort versucht sie, ein kleines Kügelchen (ein Bild für ihre Klitoris? Oder für ihre Orgasmen?), das wie «irr» herumsaust, zu fangen. Und Christa glaubt ja wirklich, zu «irren», vom

**Das Motiv vom «Fallen» spielt in Sexualträumen eine große Rolle.
In Christas Traum kommen die Phantasien
vom «gefallenen Mädchen» und vom Höllensturz der Verdammten dazu . . .**

rechten Weg abgekommen zu sein, und fürchtet zugleich, schon «irre» zu werden.

Ausgerechnet sie, die körperbehinderte fünfzehnjährige, versucht im Traum, ein wie «irr» herumsausendes Kügelchen zu fangen: Im Traum ist die Behinderung also aufgehoben, ja ins totale Gegenteil verkehrt, und damit ist gleichzeitig die enge Verquickung zwischen Masturbation und Körperbehinderung aufgezeigt. Und das offenbar

---

«Dann schmolz ich langsam
und bin in eine weiße gallertartige Masse
zerflossen.»

---

nicht nur in dem Sinn, daß die Körperbehinderung die Masturbation hervorgebracht hat, sondern auch umgekehrt; und in der Tat: Wieviele Schuldgefühle aus der offenbar nicht bewältigten frühkindlichen Sexualphase und daraus resultierende Selbstbestrafungstendenzen sind wohl an der schweren Körperbehinderung beteiligt!?

Dem Mädchen zu sagen: «Du brauchst keine Schuldgefühle zu haben» hat keine Aussicht auf irgendeinen Erfolg. Denn die Vorwürfe kommen ja nicht von außen. Die Eltern wissen ja nicht einmal etwas von Christas Masturbation. Die Schuldgefühle kommen aus der strengen moralischen Gewissensinstanz. Diese also gälte es «milder zu stimmen», abzubauen – eine Aufgabe, die sicherlich nur in einem längeren therapeutischen Prozeß unter Einbeziehung der Eltern, von denen Christa ja noch sehr abhängig ist, zu leisten wäre.

Der fünfzehnjährige Jörg fragte mich einmal zögernd, ob es das gäbe, daß man im Traum zweimal vorkommen könnte. Als ich beruhigend meinte, daß im Traum alles möglich sei, erzählte er:
«Ich hatte kürzlich einen fürchterlichen Traum. Ich stand neben mir und sah mich gehen. Plötzlich schmolz ich langsam und bin in eine weiße, gallertartige Masse zerflossen. Ich bekam große Angst und bin schweißgebadet aufgewacht.»

Nach einigem Stocken verriet Jörg, daß ihn die weiße, gallertartige Masse an sein Sperma erinnere, das er nach dem Masturbieren immer mit Papiertaschentüchern wegwische, damit es seine Mutter nicht entdecken sollte. Er glaubte, daß er sich auf die Dauer schwächen würde; denn der Mensch könne davon doch auch nur einen bestimmten Vorrat besitzen, dann ginge es sicherlich an die Substanz.

«An welche Substanz», fragte ich.

«Rückenmark, vielleicht auch Gehirn. Aber das wäre ja kein Wunder!»

Jörgs Traum stellt eben diese Ängste des Jungen, durch seine Masturbation an «Substanz» zu verlieren, deutlicher dar. Ein solcher Traum in einer Zeit, wo in jedem schulischen Aufklärungsbuch mindestens zu lesen ist, daß «mäßige Onanie» unschädlich sei, gibt sicherlich zu denken. In den scheinbar rationalen Ängsten vom Verlust der «Substanz» zeigt sich der Druck des moralisierenden Gewissens.

Insofern ist der Traum von Jörg das Resultat zweier sich bekämpfender Bestrebungen. Er ist gespalten in einen Beobachter und einen Handelnden: Der Junge sieht «sich gehen». Sicherlich ist dies auch ein Bild für das passive «Sich-gehen-Lassen» bei der Masturbation, dem Trieb nachzugeben. Daneben der Junge als Beobachter: die mißbilligende und verurteilende Gewissensinstanz, die dem «Substanzverlust» beiwohnt?

> «Jörg befürchtete, sofort in eine Klinik eingewiesen zu werden.»

Die Lebensgeschichte von Jörg läßt uns in dem Traum noch anderes verstehen und entziffern. Der Vater von Jörg, der ihn früher viel geschlagen hat, Alkoholiker und tablettensüchtig, lebt von der Familie getrennt und ist nur noch ein Zerrbild menschlicher Existenz. Die Mutter war wegen schwerer Depressionen mehrfach in einer psychiatrischen Klinik. Beide stellen für Jörg Schreckensbilder dar, die in ihm die Angst erweckt und geschürt haben, etwas von den psychischen Auffälligkeiten der Eltern geerbt zu haben. Jörg fürchtet konkret, geisteskrank zu werden. Die Ängste, nicht mit seinem Trieb «fertig» werden zu können, bedeuten für ihn zugleich die Angst, daß die Dinge ihre feste Gestalt verlieren könnten, ja die Angst, zweimal da zu sein, die Angst vor dem Bewußtseinsverlust. Bis zu diesem Zeitpunkt hat Jörg noch mit keinem Menschen über

Eruptionen: Ein Thema von Träumen und Malereien bei Beginn der Pubertät. (s. S. 40)

Der «Anfang»: Meint Jens damit seine Geburt, die für seine Mutter so problematisch war? (s. S. 59)

J. The Beginning

The Day the Future ends

II

Der Tag, an dem die Zukunft endet – ein Bild wie viele Träume von Jens. (s. S. 67)

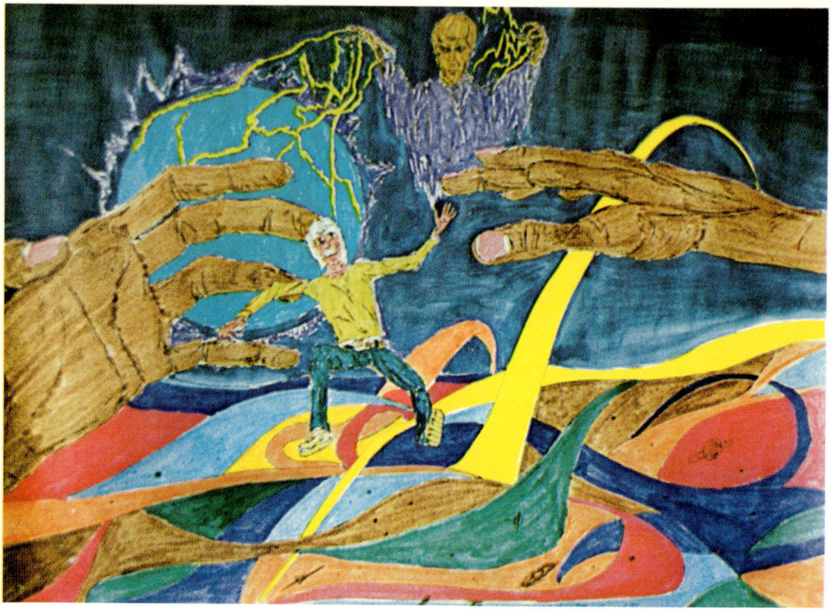

Der See der Zeit: der Mensch voller Angst, aber lebendig. (s. S. 68)

Ein Bild von Leere: Oft waren Wolfgang und seine Geschwister von der Mutter geschlagen worden. (s. S. 80)

Frau Gulliver oder Männlicher Alptraum

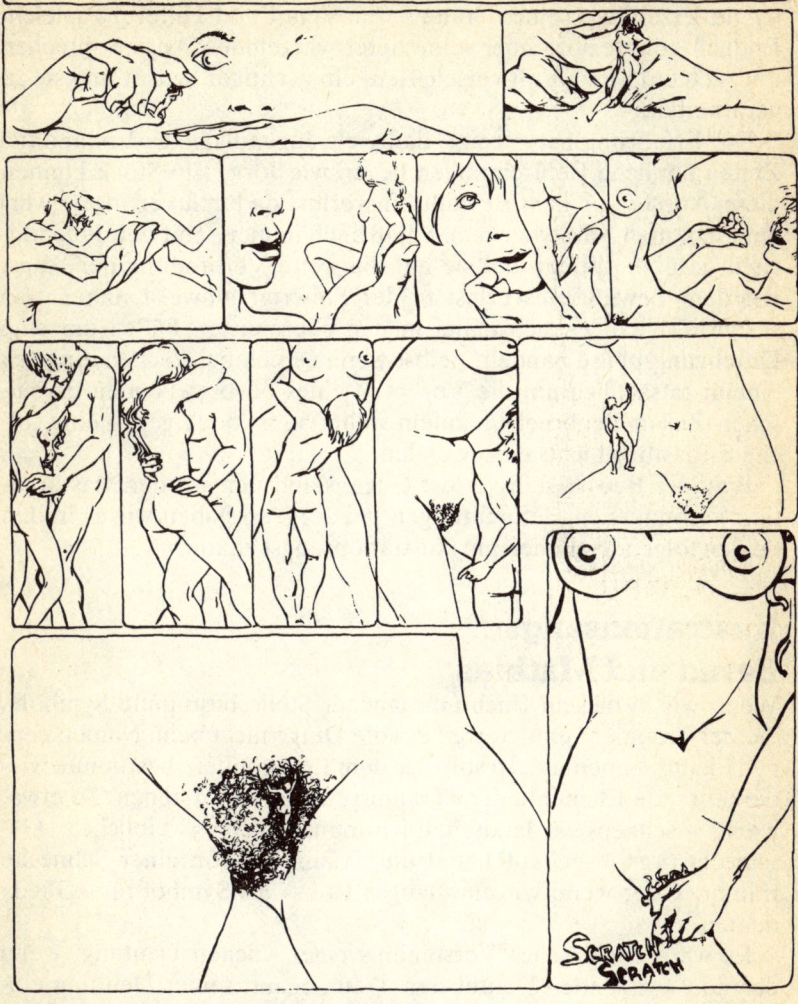

**Die Bildgeschichte von der Madame Gulliver
knüpft an eine verbreitete Angst an,
die auch Ursprung manch haarsträubender Sexuallegende ist.**

seine Befürchtungen gesprochen – aus Angst, er könnte sofort in eine Klinik eingewiesen werden. So akut waren seine Befürchtungen.

Die Erzählung seines Traums war Ventil und Hilferuf zugleich: Endlich konnte Jörg über seine tiefer wurzelnden Ängste sprechen und sich ein wenig Luft verschaffen, ein wichtiger Schritt, um sie zu verarbeiten.

Die Erfahrung hat gezeigt, daß viele Jugendliche zu bestimmten Zeiten ähnliche Befürchtungen hegen wie Jörg. Ein Stück können diese Ängste vor dem Bewußtseinsverlust dadurch verringert werden, daß man – aus welchem Anlaß auch immer – mit den Jugendlichen darüber spricht und sie auf die weite Verbreitung der Angst vor dem Bewußtseinsverlust in der Pubertät hinweist, ihnen also vermittelt, daß es sich dabei in den allermeisten Fällen um eine Durchgangsphase handelt. Selbst wenn es sich bei solchen Ängsten einmal tatsächlich um die Vorboten eines bevorstehenden psychischen Zusammenbruchs handeln sollte, so ist doch gegen eine solche Entlastung nichts einzuwenden.

War der Bewußtseinsverlust Gegenstand der mit der Masturbation verbundenen Befürchtungen bei Jörg, so haben wir es in den beiden folgenden Fällen mit Kastrationsangst zu tun.

Kastrationsangst: Bernd und Mathias

Wenn wir in diesem Buch an mancher Stelle bestimmte Symbole, die der Träumer benutzt, weil er «die Dinge nicht beim Namen nennen» kann, benennen, so soll dies dem Leser helfen, bestimmte wiederkehrende Elemente der «Traumsprache» zu verstehen. So etwa, wenn «Schnecke» landschaftlich-mundartlich «weibliches Geschlechtsorgan» bedeutet und die Träumerin von einer Schnecke träumt. Oder wenn wir ein «langes Rohr» als Symbol für «Glied» deuten.

Es wäre ein falsches Verständnis einer solchen Deutung, wenn der nun «wissende» Deuter den Träumer mit seiner Deutung einfach konfrontierte. Denn die Symbolisierung ist ja aus gutem Grund erfolgt. Und aus demselben Grund wird der Träumer auch eine solche direkte Deutung zu Recht als Quatsch und Unsinn abtun, weil diese Deutung ja nicht auf sein Problem eingeht, das ja genau in dem Konflikt besteht, aus dem heraus er «die Dinge nicht beim Namen nennen konnte». Dies gilt selbstverständlich auch für alle Träume, sollte uns aber besonders beim folgenden Traum des vierzehnjährigen Bernd im Bewußtsein sein:

«Vor mir war mein Bett, die Kissen sauber gerichtet. Als ich ein Kissen hochhob, lag darunter ein zerbrochener grüner Minenstift von Faber-Kastell. Einen solchen habe ich mir erst vergangene Woche gekauft.»

Es ist dies der Traum eines Jungen, der vergeblich versucht, massiv alle Impulse zur Masturbation zu unterdrücken und mit zwanghaften Mitteln dagegen vorzugehen: mit kalten Duschen, viel Sport, Sammelwut und vielem mehr. Dies bleibt aber letztlich ohne Erfolg, so daß seine unbewußten Kastrationsängste sich im Traum Ausdruck verschaffen. Es wäre allerdings falsch, diese Ängste nur auf der sexuellen Ebene zu sehen. Sie sind vielmehr Ausdruck schwerer Verlust- und Trennungsängste, die die Ablösungskrise begleiten.

Das Verhalten des vierzehnjährigen Mathias stößt in letzter Zeit bei Eltern, Lehrern, aber auch bei Gleichaltrigen auf erhebliche Kritik. Er scharwenzelt ziemlich distanzlos um alle männlichen Erwachsenen seiner Umgebung, die ihn offensichtlich stark beeindrucken.

> «Sein Lieblingsthema ist,
> über die ‹blöden und schwächlichen›
> Weiber herzuziehen.»

Er treibt Körperertüchtigung, Bodybuilding, Karate und ist in einer Clique von Jungen der lauteste und angeberischste. Sein Lieblingsthema ist es, von Karate-Filmen zu erzählen und über die «blöden und schwächlichen» Weiber herzuziehen. Sein Traum:

«Ich habe geträumt, daß ich von daheim weglaufe. Ich bin dann mit dem Flugzeug weggeflogen und landete in einem schrecklichen Urwald. Dort schlug ich mich durch und geriet an ein tiefes und schwarzes Loch und fiel hinein. Es wurde immer heißer und heißer, ich fiel tiefer und immer tiefer und bin dann vor Angst aufgewacht.»

Er läuft von daheim weg: Der Ablösekonflikt kommt also zur Sprache. Flugzeug und Fliegen können wir als Sexualsymbole verstehen. Mathias gelangt in einen Urwald, den er «schrecklich» findet. Seit jeher ist der Wald in der menschlichen Phantasie Ort der wilden

Tiere und der Hexen, des Ungeformten und Unheimlichen. Für Mathias ist er offenbar ein Bild jener ihm unheimlichen und ihn ängstigenden Bereiche, die nicht seiner bewußten Steuerung unterliegen. Das tiefe und schwarze Loch können wir als Gleichnis für den verschlingenden Mutterschoß verstehen. Der Traum von Mathias enthält die durchaus verbreitete Phantasie der hexenhaften, negativen Mutterfigur, welche Jungen wie Männer verschlingt.

Wir kennen die Stammtischgespräche von Männer-Cliquen (ähnlich jener Clique, in der sich Mathias zur Zeit befindet), in denen es etwa um den Penis geht, der durch den Scheidenkrampf einer Frau gefangen gehalten wird. Solche und ähnliche haarsträubende Sexuallegenden haben ihren Ursprung in den gleichen kindlichen Befürchtungen. Die durch die zunehmende Triebstärke («Es wurde immer heißer und heißer») anwachsenden Ängste und Schuldgefühle («Ich fiel tiefer und immer tiefer») führen schließlich zum Erwachen. Die mit der Phantasie des Von-zu-Hause-Weggehens verbundenen Ängste waren zu stark: Der Traum konnte seine Wächterfunktion des Schlafes nicht erfüllen. Unübersehbar zeigt der Traum, wie tief die Angst ist, die mit der erwachenden Sexualität und den sie begleitenden Phantasien in Mathias geweckt wurde. Bei Tage versucht er, sie mit seinem männlichen Gehabe und Geprotze und der Schutzsuche in einer Clique Gleichgesinnter sowie dem Herabsetzen aller Mädchen zu bekämpfen, weil ihm ihre Nähe zu viel Angst bereitet.

Solche Kastrationsängste, solche Ängste vor der «verschlingenden Mutter» sind ein Stück in jedem von uns lebendig, wie jedenfalls der Cartoon «Madame Gulliver» (S. 49) nahelegt, der überdies sehr schön zeigt, wie die Kastrationsbefürchtungen sich nicht auf das Genital beschränken (was sehr oft die vereinfachte, falsche Vorstellung ist), sondern daß sie die Furcht vor dem Auslöschen der gesamten Persönlichkeit symbolisieren.

Eine weibliche Entsprechung zu dem Cartoon «Madame Gulliver» ist die Zeichnung eines siebzehnjährigen Mädchens (Seite 53), die bei mir während einer psychotherapeutischen Behandlung angefertigt wurde. Das Bild zeigt ein Mädchen, von dessen Gesicht nur der Mundbereich wiedergegeben wird (Wegen psychogenen Erbrechens war sie übrigens bei mir in Behandlung!) und dem ein winziges Männchen einen Tampon in die weit geöffnete Scheide stecken will. Die durch die geöffnete Scheide gekennzeichneten unbewuß-

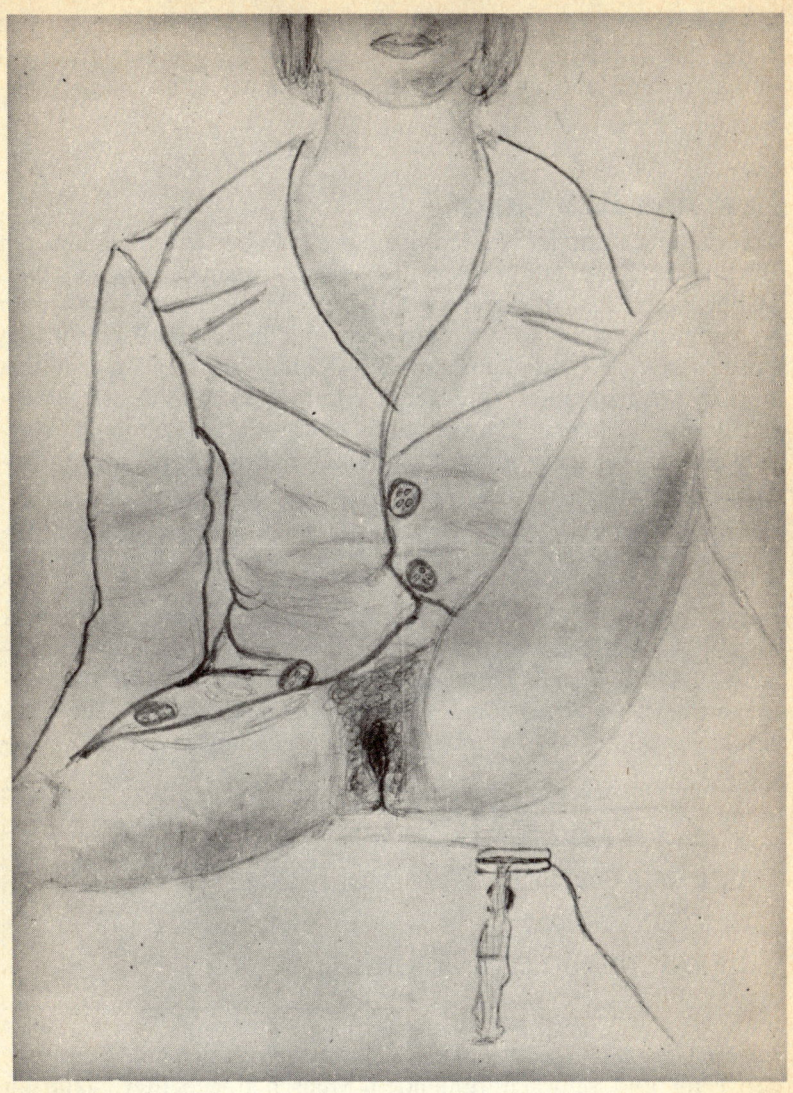

Die durch die weit geöffnete Scheide angedeuteten Wünsche
lösen gleichzeitig Ängste vor dem Eindringen des männlichen Gliedes aus,
die dadurch in Schach gehalten werden, daß der Mann auf die Schrumpfgröße
eines Mini-Zwerges verkleinert wurde.

ten Wünsche lösen gleichzeitig Ängste vor dem Eindringen des männlichen Gliedes aus, welche dadurch in Schach gehalten werden, daß der Mann auf die Schrumpfgröße eines Mini-Zwerges verkleinert wurde.

Lust und Ablösung

Träume und insonderheit Träume aus der Pubertät lenken unseren Blick in der Regel auf problematische Situationen der Entwicklung. Dabei kann ein sozusagen «natürlicher» Entwicklungskonflikt im Vordergrund stehen oder eine individuelle lebensgeschichtliche Problematik. Es kann uns ein Entwicklungsstillstand signalisiert werden oder sozusagen ein neuer «Aufbruch». Als letzte Fallgeschichte zum Thema «Masturbation» ein Traum, in dem es in Wirklichkeit um viel mehr geht. Der dreizehnjährige Mark erzählt folgenden Traum:

«Ich rieb ganz schnell an meinem großen Zehen. Da bekam ich wunderschöne Gefühle und konnte plötzlich fliegen. Ich flog über unser Haus und ganz weit weg.»

Der sexuelle Charakter des Traumes ist ganz sicher unverkennbar. Träume vom Fliegen werden schon von Sigmund Freud als Erinnerung an das kindliche «Durch-die-Luft-Fliegen», aber auch als mögliches Bild für die Erektion des Gliedes und damit verbundene Lustgefühle gesehen. (1) In anderen Zusammenhängen werden Flug-

> «Solche Ängste
> vor der ‹verschlingenden Mutter›
> sind ein Stück
> in jedem von uns lebendig.»

träume aber auch als der intensive Wunsch eines sich im Alltag minderwertig und schwach fühlenden Menschen gedeutet, «alle zu überflügeln».

Mark war von seiner ehrgeizigen Mutter von frühester Kindheit an angespornt worden, nur ja immer der erste zu sein, ob im Sport, beim Musizieren, in der Schule. Bisher hatte der Junge sich tatsächlich dem Willen der Mutter völlig unterworfen und so «funktioniert», wie es sich die leistungsorientierte Mutter gewünscht hatte. Es ist verständlich, daß dies auf Kosten seiner eigenen Persönlichkeitsentwicklung gegangen war und er ein eigenes «Ich» kaum ausbilden konnte. Nun mit der beginnenden Pubertät hatte er begonnen, sich der Mutter zu versagen, er versagt in der Schule und «fühlt sich außerstande», den geringsten Anforderungen des Alltags nachzukommen.

> «Das Leistungsversagen war der Versuch,
> sich von der Mutter zu lösen.»

In diesem Traum ist also die bildliche Darstellung der sexuellen Lustgefühle nur Anlaß, den dringenden Wunsch des Jungen darzustellen, sich aus der Enge des elterlichen Hauses zu entfernen, sich aus der totalen Abhängigkeit von der Mutter zu lösen, die Situation zu überwinden und die ganze drangvolle häusliche Bedrückung «unter sich zurückzulassen», ein Wunscherfüllungstraum, der das Leistungsversagen des Jungen in der Schule und zu Hause jedenfalls in einem anderen Licht erscheinen läßt, als eine Leistung nämlich, die der Loslösung aus dem Griff der Mutter und ihren Anforderungen dient.

Wandlungsträume:
Begegnung mit einer neuen Welt

In der Pubertät, einer Zeit schwerer Krisen, des Umbruchs und der Wandlungen, muß der Jugendliche sich verselbständigen, sich von den Eltern – und auch von ihren Idealen – lösen, bildlich gesprochen: Der alte Mensch muß sterben, um Platz zu schaffen für den neuen. Dieser Weg ins Neue, ins Unbekannte, die damit verbundene unbewußte Ahnung von der Welt des Erwachsenseins, die nicht ohne Gefahr erobert sein will, ist das weit verbreitete Thema der «Wandlungsträume» in der Pubertätszeit, für die ich einige Beispiele zum Abschluß dieses Kapitels anführen möchte.

Das Türkenmädchen Birsen ist in der strengen, geordneten Welt

der Moralbegriffe des Korans groß geworden. Als Mädchen recht-
los, war sie gezwungen, sich ständig anzupassen und einer männlichen Welt zu unterwerfen. Somit lernte sie nichts anderes, als daß
Mädchen keinen Willen haben dürfen und ihre Triebe verleugnen
müssen. Mit zehn Jahren wurde sie in die so ganz andere Welt der
Bundesrepublik verpflanzt: Sie erlebte, daß gleichaltrige Mädchen
fast die gleichen Rechte und Freiheiten wie Jungen genießen, und
empfand das Eingesperrtsein im Familien-Getto nun als doppelt
hart. Denn auch in der neuen Welt wurden von der Familie die
strengen Gesetze des Islam eingehalten. Mit vierzehn Jahren hatte
Birsen folgenden Traum:

«Ich sah eine hohe Mauer, die auch noch mit Sträuchern bewachsen war. Darauf saß
Fatma und knutschte mit jedem Jungen, der vorbeikam. Ich bin erschrocken: ‹Das
darf sie doch nicht!› und bin ganz schnell weggegangen.»

Hinter der hohen Mauer dürfen wir das «unbekannte und faszinie-
rende Land des Erwachsenseins» vermuten. Fatma, die wirklich etwas leichtlebiger als Birsen ist und sich tatsächlich auch schon einige
Male von Jungen hat abküssen lassen, hat diese Mauer schon er-
klommen. Aber das ist die Realität. Gerade in diesem Traum können wir sehr schön sehen, wie alle Figuren des Traums auch ganz
persönliche Anteile der Träumerin Birsen sind oder – wie C. G.
Jung einmal gesagt hat – «Der Traum ist jenes Theater, wo der
Träumer Szene, Spieler, Souffleur, Regisseur, Autor, Publikum
und Kritiker ist.» Fatma ist gleichzeitig auch Birsen und charakteri-
siert die Anteile nach Loslösung von den Eltern und den Wunsch
nach Triebbefriedigung: Impulse, die Birsen bei Tag entrüstet zu-
rückweisen muß. Birsen selber vertritt im Traum die strengen elterlichen Moralbegriffe und das islamische Erbe. Aber das Abknut-
schen ist so verführerisch schön . . . So muß die Szene schnellstens
verschwinden: «. . . und bin ich ganz schnell weggegangen.» Be-
stünde sonst die Gefahr, daß das Traum-Ich zu sehr in Unruhe ver-
setzt würde? Daß die Neugier nach der Welt auf und hinter der
Mauer zu groß würde? So jedenfalls bleibt dieser Bereich auch
künftig verboten, jedenfalls vorhanden noch.

Ich schließe dieses Kapitel mit dem Traumbeispiel der zwölfjähri-
gen Marion. Marion ist sportlich aktiv, Leiterin einer katholischen
Jugendgruppe. Sie ist ein burschikoses Mädchen, Jungen gegenüber
kratzbürstig und pampig. Diesen Traum möchte ich gerne für sich
stehen und auf den Leser wirken lassen. Nur zwei kleine Hinweise:

Wenn in diesem Traumbeispiel von wilden Tieren die Rede ist, dann braucht vielleicht jetzt nicht mehr auf deren Bedeutung hingewiesen zu werden. Und noch eins: Das Thema «Blut» hat für pubertierende Mädchen auch die Bedeutung der Regelblutung. Und in der Tat: Die Träumerin hatte kurz vor ihrem Traum ihre erste Menstruation, die für sie einen ziemlichen Schock bedeutet hat. Sie schien stiller zu werden, nachdenklicher, wirkte weniger schroff, als sie den folgenden Traum träumte:

«Ich stehe vor einer Tür und klopfe mehrmals. Es meldet sich niemand. Ich öffne sie. Dann stehe ich draußen im Freien. Das finde ich ganz komisch. Mein Bruder spielt da mit seinen Freunden Fußball. Ich rufe ihn, aber er kümmert sich überhaupt nicht um mich. Plötzlich ist vor mir eine hohe Mauer. Ich möchte wissen, was dahinter ist. Es gibt jedoch keine Türe. Ich klettere hinauf. Während des Kletterns bemerke ich, daß mein Knie blutet. Ich kann aber nicht darauf schauen, weil ich Angst habe, daß ich dann herunterstürze. Dann bin ich in einem Park. Obwohl ich keins sehe, weiß ich, daß es hier gefährliche Tiere gibt.»

Abwehr und Zurückweichen: eine Zeichnung von Jens, dessen Geschichte und Träume auf den nächsten Seiten zur Sprache kommen.

Kapitel 4

Jens: Gemalte Träume

(Aus der Psychotherapie eines Jugendlichen)*

Die meisten Träume und Fallgeschichten, mit denen wir uns bisher
befaßt haben, stammen aus «normalen» Entwicklungsverläufen
mehr oder weniger «gesunder» Kinder und Jugendlicher. In der Tat
gibt es keine prinzipiellen Unterschiede zwischen einer sogenannten
«normalen» Entwicklung und jener von Kindern und Jugendlichen,
die zum Beispiel bei mir als einem Kinder- und Jugendlichen-Thera-
peuten Hilfe suchen. Der Unterschied besteht nicht in der Art der
Probleme, sondern sozusagen in ihrer Mächtigkeit und der damit verbundenen Schwierigkeit, sie zu lösen. Dies ist ein Aspekt, der in dem
folgenden kleinen Ausschnitt aus der analytischen Psychotherapie
des Jungen Jens deutlich wird. Zugleich läßt sich an dieser Falldar-
stellung etwas anderes sehr schön ablesen: Ebenso wie Träume sind
Erinnerungen, Tagträume und Phantasien Ausdruck des Seelenle-
bens, die sich zum Beispiel in Geschichten, im Spiel oder auch in
Zeichnungen und Bildern niederschlagen und die ihre Bedeutung –
ebenso wie der Traum – immer nur im Zusammenhang der gesamten
Lebensumstände des Kindes offenbaren.

Beziehungsangst

Jens war vierzehneinhalb Jahre, als er zu mir in die Behandlung kam.
Er wirkte zierlich und war für sein Alter etwas zu klein. Im krassen
Gegensatz dazu wirkte sein Gesicht beinahe alt und ernst, sein Mund
war verschlossen und verkniffen, die Haare trug er, der damaligen
Mode gemäß, schulterlang, was ihm ein etwas mädchenhaftes Ausse-

---

* Für ein vertieftes Verständnis der folgenden Fallgeschichte empfehle ich die Lek-
türe von Michael Balint: Angstlust und Regression, rororo-studium Bd. 21. Ich dan-
ke Jens ganz herzlich für sein Einverständnis zur Veröffentlichung.

hen gab. Auffällig war seine Scheu, mir in die Augen zusehen; insgesamt wirkte er verängstigt und verunsichert, saß mir sehr distanziert gegenüber, zumeist schwieg er, gähnte auch schon mal, gab sich recht gelangweilt. Zurückgezogen in sein Schneckenhaus, schwieg er vor sich hin, so als hätte er kein Gegenüber.

Jens war nicht ehelich geboren. Seine Mutter hatte damals noch studiert und hatte ihn deshalb von einer Pflegestelle zur anderen weitergereicht. Erst als er fünf Jahre alt war, nahm die Mutter ihn zu sich. Als Orchestermusikerin war sie jedoch selten zu Hause, viel unterwegs auf Tourneen, und so blieb der Junge auch weiterhin sich selber überlassen.

Das ging so lange, bis Jens vierzehn Jahre alt war. Da begann er, unter Migräne zu leiden, die manchmal von Übelkeit und Erbrechen begleitet war. Besonders auffällig nach außen hin waren seine Apathie und eine andauernde Arbeitsunlust, die mit einem krassen Versagen auf dem Gymnasium einhergingen. Jens litt an depressiven Verstimmungen, Gefühlen der Entfremdung und einer unerträglichen inneren Leere. Zunehmend begann er, von Selbstmordabsichten zu sprechen.

Eine psychologische Untersuchung kam zu dem Ergebnis: «Es ist zu vermuten, daß die Unregelmäßigkeit in Jens' früher Kindheit, die wechselnden Pflegepersonen und der lockere Kontakt zur Mutter bei Jens eine Teilhospitalisierung bewirkt haben.» (Unter Hospitalisierung versteht man die Verursachung jener psychischen Ausfälle, die zunächst bei Kleinkindern durch Trennung von der Mutter und längeren Aufenthalt an Pflegeorten (Hospitalen) zum Beispiel von René Spitz beobachtet worden sind.)

In der geschilderten Anfangsphase malte Jens das Bild «The Beginning» (Der Beginn, Farbtafel I, unten), das die sich aus dem Urknall herausbewegenden Spiralnebel zeigt. Ich muß dazu sagen, daß Jens mir dieses Bild damals vorenthalten und es mir erst sehr viel später gezeigt hat. Es ist typisch für seine Vorliebe, kosmische Ereignisse im weiten, kalten und unbelebten Weltraum darzustellen, für seine Rückwendung zu den Anfängen des Lebens überhaupt, die ja für ihn offenbar problematisch waren. Auch diesem Bild gibt er, wie seinen anderen, englische Titel, die häufig den Songs von Pop-Gruppen entliehen sind – mir schien, er wollte damit dartun, daß sie nicht gleich von jedem, sondern nur von seinesgleichen erkannt werden sollten.

«The Beginning» – das ist für den Menschen die Geburt, die für Jens so problematisch ist, weil er – wie er weiß – mit seiner unehelichen, unerwünschten Existenz der Mutter Probleme machte.

Man kann das Bild so betrachten, als entwickelten sich die Spiralnebel und Meteore aus einer Mitte heraus. Mich erinnert das Bild allerdings an den Blick eines Säuglings aus einem dunklen Geburts-

> «Jens hatte angefangen
> von Selbstmordabsichten zu sprechen.»

kanal in eine einerseits chaotische und dann doch wieder streng geordnete Welt, in der sich alle Wege in endlosen Spiralen im Unendlichen verlieren – dorthin, wo sich spinnwebartig Fäden aus der Dunkelheit ziehen.

Nur wenige Zeit nach dem Beginn unserer Zusammenarbeit und nachdem Jens das Bild «The Beginning» gemalt hatte (ohne daß ich davon wußte), erzählte Jens seinen ersten Traum. Dazu muß ich sagen, daß nach einer verbreiteten therapeutischen Auffassung, die ich teile, der erste erzählte Traum in einer psychotherapeutischen Behandlung eine ganz besondere Stellung einnimmt. Er enthält nämlich, wenn auch verschlüsselt, den zentralen Konflikt des Patienten, in verdichteter Form also das Wesentliche über den Traumerzähler. Diesem ersten Traum wird als einem «Initialtraum» eine besondere Bedeutung beigemessen: Er vereinigt in sich Aspekte von Gegenwart, Vergangenheit, aber auch der Zukunft, so daß der Traum eigentlich erst nach abgeschlossener Behandlung in seiner ganzen Vielschichtigkeit völlig verstanden werden kann.

Der Therapeut wird aber auch die Erkenntnisse, die er daraus gewinnt, nicht alle dem Patienten eröffnen, sondern sie als Hintergrundinformation für die weitere Zusammenarbeit speichern. (Insofern kann der Umgang mit dem Initialtraum ein Modell dafür sein, wie wir als Eltern mit den Träumen unserer Kinder umgehen: aus ihnen Hinweise auf problematische Situationen und Konflikte der Kinder entnehmen und unseren Umgang mit den Kindern von diesen Informationen entsprechend beeinflussen lassen.) Und hier nun der «Initialtraum» von Jens:

«Zwei Heere mit Helmen kämpften lautlos auf einem fremden Planeten. Ich bin als neutraler Beobachter dabei. Die eine Gruppe hat den Krieg begonnen, um die Menschheit zu versklaven. Ein erschöpfter und geschwächter Kämpfer, dessen Gesicht durch das Sichtglas nicht zu erkennen ist, taucht plötzlich groß und schemenhaft, wie auf einem Fernsehschirm, vor mir auf und hastet weiter.»

Ich finde in dem Traum eine sehr zwiespältige Grundstimmung – vor allem in der Tatsache, daß die mörderische Versklavung des einen Teils der Menschheit so stumm wie hinter Aquariumswänden verläuft und der Träumer als neutraler Beobachter die Kämpfe wie unbeteiligt verfolgt. Die Masse bleibt wegen der Helme gesichtslos und anonym, Menschen sind zu Robotern geworden. Und auch das Individuum, welches für kurze Zeit aus der Masse heraustritt, jener erschöpfte und geschwächte Kämpfer, bleibt verhüllt und schemenhaft und wie auf einem Fernsehschirm. Unübersehbar ist, daß ja immer wieder auch die Symptome angesprochen sind, welche die Behandlung erforderlich gemacht hatten: «erschöpft, geschwächt, fremd» etc. Allerdings ist es nicht die Erde, auf der die Kämpfe stattfinden, sondern ein fremder Planet, wo die primitiven, destruktiven Kräfte ungesteuert toben. Der neutrale Betrachter und Träumer erlebt sie als fremd: Sie sind von seinem Bewußtsein abgeriegelt.

Seine befremdliche Wirkung bezieht der Traum auch aus der Tatsache, daß man in ihm so gar keinen Tagesrest aus der realen Welt von Jens zu entdecken vermag. Ja, es hat tatsächlich den Anschein, als stammten alle Teile des Traumes nur aus den Phantasien des ganz auf sich bezogenen Jungen. Es geht um verschiedene Themen:

● Eine Gruppe versucht, eine andere Gruppe zu versklaven. Ist das der in der Außenwelt erlebte Kampf mit der Mutter? Oder ist es jene ausschließlich gegen das Ich gerichtete zerstörerische Kraft, die er in sich selbst wahrnimmt?

● Gesichter, also Einzelwesen, sind so gleichgültig für Jens – so als hätte er geradezu Angst vor einer Begegnung oder gar Berührung mit anderen Menschen.

Die drei Zeichnungen auf den Seiten 57 und 62 sind einige von den fast unzähligen Bildern, die Jens in jener Zeit malte und in denen er den Inhalt des Traumes in immer neuen Formen variierte: ungesteuerte Zerstörungen in fremden Welten, die Gesichter verdeckt oder

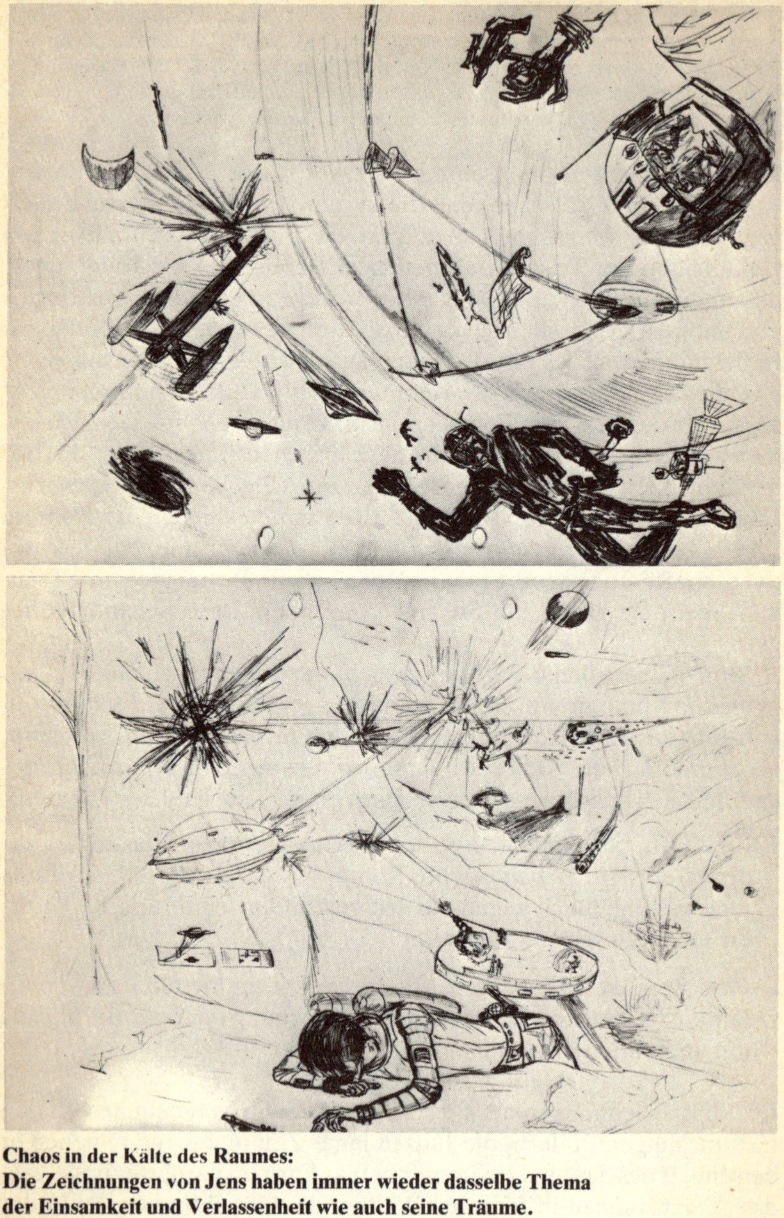

Chaos in der Kälte des Raumes:
Die Zeichnungen von Jens haben immer wieder dasselbe Thema
der Einsamkeit und Verlassenheit wie auch seine Träume.

schemenhaft. Häufig sind die Bilder ohne Oben und Unten.

Wenig später wurde die Berührungsangst in Form der Angst vor körperlicher Nähe Thema in einer unserer Therapiestunden, wo es ihm dann auch gelang, diese Angst in Worte zu fassen. Als er mir nämlich einige Bilder zeigte und erklärte, rutschte ich näher zu ihm hin. Da bemerkte ich, wie er unruhig wurde, zu schwitzen begann und von mir abrückte. Ich thematisierte sein Verhalten. Es fiel ihm sichtlich schwer, darüber zu reden. Doch dann meinte er, ich solle doch in gewohnter Entfernung von ihm sitzen bleiben, dann sei ihm wohler. Es war die deutliche Angst vor Nähe, vor enger und dauernder Beziehung, die sich hier zeigte. Aus dieser Angst heraus hatte er bisher auch nie irgendwelche Freundschaften eingehen können.

Offenbar war ich ihm auch «zu nahe» gekommen – möglicherweise nicht nur in der eben geschilderten Situation. Jedenfalls sah er sich offenbar genötigt, ein Stück von mir abzurücken: In einer der nächsten Stunden kündigte er an, er könne nicht mehr zweimal pro Woche wie bisher kommen – es nähme ihm «zu viel Zeit, sich mit sich und seinen Interessen» zu beschäftigen, «einmal pro Woche», das ginge. Das war ein eindeutiger Regelverstoß und Bruch der Vereinbarung. Dennoch akzeptierte ich, denn offenbar ging es hier für Jens darum, sich mit seiner Angst zu arrangieren – andernfalls wäre

«Offenbar war ich Jens
‹zu nahe› gekommen.»

es womöglich zum Abbruch gekommen. Es war in jener Zeit, als Jens mir eines Tages erzählte, er habe sich schon öfter überlegt, warum die Therapie nicht von einem Computer gemacht werden könnte. Der würde es doch sicherlich genauso gut und vor allem immer richtig machen. Die hier sichtbaren Ängste finde ich auch in dem auf mich sehr bedrohlich wirkenden Bild «The bad town» (Schlechte Stadt, s. S. 64), welches Jens ebenfalls zu jener Zeit malte. Wieder diese innere Leere und Entfremdung, die Jens aus seinem Innern in die Außenwelt verlagert. Immerhin hatte er mit diesem Bild schon die Weltraumthematik aufgegeben. Sein nächster Traum setzt diese Entwicklung fort.

«The Bad Town»: Hier hat Jens das Gefühl seiner inneren Leere und Entfremdung in die Außenwelt verlagert.

Rückkehr in die Zeit der Geburt

Wenig später, in der 24. Stunde, erzählte Jens:

«Ich ging in einer Allee. Rechts und links waren Bäume. Plötzlich stand alles Land unter Wasser, nur Gräser schauten heraus. Die Allee endete in einem See, in dem See waren Schwäne und eine Insel. Und das ist ganz komisch: Das Land muß deshalb so verwüstet und menschenleer gewesen sein, weil vorher eine Atombombe explodiert war. Ich mußte unbedingt an die andere Seite des Sees, dort war Zukunft, Rettung. Als ich in den See ging, habe ich durch das kalte Wasser einen Schock gekriegt, verlor den Boden unter den Füßen und mußte schwimmen. Rechts von der Insel kam mir ein Mann entgegen geschwommen, der mich höhnisch anlachte und einfach weiterschwamm. Dann war ich ganz allein und nur von Wasser umgeben. Das andere Ufer habe ich nicht gesehen.»

Anschließend äußerte Jens folgende Einfälle: «An dem See war ich schon mal. Da war er allerdings von Kindern belebt. Auch ein paar Erwachsene waren da, und Bänke standen zwischen den Bäumen und dem Uferstreifen. In mir war vorhin eine große Hemmung, das von der Atombombenexplosion zu erzählen. Ich wollte es bis zum vorigen Moment nicht tun. Einmal, weil ich die Sache komisch und blödsinnig finde. Andererseits hatte ich Angst, es könnte etwas Schlimmes sein.»

Offenbar versinnbildlicht die Detonation der Atombombe, wie Jens den Triebeinbruch bei Beginn seiner Pubertät erlebt hat, was für ihn ja so problematisch gewesen war, daß er sich mit Selbstmordabsichten trug und zu mir in die Behandlung kam. Eine Atombombenexplosion läßt jede Steigerung undenkbar erscheinen. Wo vorher festes Land war, ist jetzt nur noch Wasser, und alles ist überschwemmt, verwüstet und menschenleer. Alles Feste, alle Konturen scheinen nicht mehr existent zu sein. Die Zeit scheint zurückgedreht zu sein bis zum ersten Schöpfungstag, als nur Wasser die Erde bedeckte. Das Hineinsteigen ins Wasser wird von Jens als Gefahr erlebt. Doch der Schock des kalten Wassers wirkt auch heilsam und aktivierend. Jens spürt, daß er sich nicht einfach fallen lassen kann, sondern daß er ans andere Ufer schwimmen muß. Denn die Rettung, die Erneuerung, die Zukunft liegt auf der anderen Seite des Sees.

Als einzigem Menschen begegnet Jens einem Mann, der ihn verhöhnt und im Stich läßt. Das erinnert daran, daß Jens unehelich geboren ist und sein Vater sich nie um ihn oder die Mutter gekümmert hat. Zur Zeit der Behandlung lebte Jens mit Mutter und Großmutter und sehnte sich nach einem Mann, der für ihn Vorbild sein könnte. Als er diesen Traum träumte, fühlte er sich noch deprimiert, vereinsamt und isoliert, aber er hatte offenbar wieder Hoffnung geschöpft, «schwimmt dem neuen Ufer zu».

Am Tag, nachdem Jens mir den Traum erzählt hatte, erkrankte er. Er hatte hohes Fieber, und in der Nacht träumte er den folgenden ihn zutiefst erschreckenden Traum, welchen er in der folgenden Stunde erzählte:

«Es war vollkommene Dunkelheit um mich herum. Ich hatte keinen Körper, aber gleichzeitig das Gefühl, als sei ich doppelt da. Dieses ‹Doppelte› war irgendwo außerhalb. Alles war zeit- und raumlos. Dort, wo ich war, war irgendein Raum, in dem ich schwebte, irgendwelche Dimensionen. Diese Dimensionen waren unterteilt in einzelne Räume, die sich ständig veränderten und die wie Spinnenweben aneinander hingen. In einem kleinen Raum innerhalb dieser Spinnennetze war ich, wollte raus und drückte gegen die Wände. Diese gaben zwar nach, doch nirgends war eine Öffnung.

Ein Mädchen wird durch ein altes Bilderbuch daran erinnert, daß die Mutter im Krieg gestorben ist. Mit Jens beginnt eine neuerliche Veränderung.

Ich konnte nicht hinaus! Ich geriet in panische Angst. Ich fühlte in mir, wie sehr ich rauswollte und daß es mir gleichzeitig unmöglich war. Und ich merkte, daß außerhalb des Raumes ein Teil von mir war, vermutlich mein Gehirn, und ich wollte damit wieder vereinigt werden. Da plötzlich ertönte eine Stimme, die von irgendwoher kam, überall war, raumlos war: ‹Jetzt kämpft der mit dem Wahnsinn!› Da wurde meine Angst noch größer, und ich habe geschrien. Unendlich später dann, meine Angst dauerte schon ewig, sah ich etwas Größeres, etwas Ovales. Da habe ich hineinkriechen können, und ich fühlte mich geborgen und erleichtert. Da wich auch alle Angst von mir. Jetzt vereinigte ich mich wieder mit dem ‹anderen› und ich spürte darüber unendliche Erleichterung.»

Zu dieser Stunde hatte Jens wieder ein Bild mitgebracht, das er in der Woche davor gemalt hatte. Es trägt den Titel «The Day the Future Ends» (Der Tag, an dem die Zukunft endet, Farbtafel Nr. II): Eine hypermoderne, grellbunte, jedoch unbelebt und kalt wirkende Stadt wird zusammen mit Raumschiffen und einer schon deformierten Sonne ins Dunkel hinabgesogen. Diese Weltuntergangsphantasien drückten so ganz sein derzeitiges Empfinden aus: Jens begann, sich von der von ihm als kalt, leblos und nur funktional erlebten Welt zurückzuziehen. Typisch für das Bild wie für den Traum sind die grandiosen kosmischen Katastrophen. Nirgends scheint mehr Berührung zur «Mutter» Erde zu bestehen – so wie der Kontakt zur Realmutter nicht besteht und nie bestand.

Mit seinen Phantasien und dem Traum kehrte Jens zurück in die Zeit seiner unerwünschten Geburt und die darauf folgende Zeit der Kälte und Lieblosigkeit der vielen Pflegestellen: Wie winzig klein mußte sich das Kind damals ungeheuren und zerstörerischen Mächten ausgeliefert fühlen, wie sehr mußte es Geborgenheit vermissen, wie groß mußte damals die Angst gewesen sein, die der Junge verdrängte, um überleben zu können. Jetzt tauchen im Traum alle Bedrohungen auf in Form von Doppelheitsphantasien, Spinnennetzen, Gummizellen – deutliche Angst vor dem Wahnsinn, der ihn zu überfluten droht.

So sehr dieser unheimliche Traum die schwere seelische Gefähr-

«Danach wirkte Jens
nicht mehr so
niedergeschlagen und gelähmt.»

dung des Jungen spiegelt, so deutlich zeigt er aber auch schon, daß er neue Hoffnung geschöpft hat: Im Traum findet er etwas Ovales, das Schutz spendet, in das er hineinkriechen und in dem er sich geborgen und angstfrei fühlen kann – eine Beschreibung, die sehr gut auf den mütterlichen Uterus zutreffen könnte. Muß Jens so weit zurückgehen, noch mal in die körperliche Einheit mit der Mutter, um wieder neu anfangen zu können?

Es läge sicherlich nahe, zu vermuten, daß der vom Fieber geschwächte Junge von diesem Traum geradezu überwältigt wurde. Aber ist es nicht genauso wahrscheinlich, daß die schwere seelische Krise, in der Jens sich befand, hier auf einem Höhepunkt zur Entstehung des Fiebers führte?

Tatsächlich wirkte Jens im Anschluß an diesen Abschnitt der Behandlung nicht mehr so niedergeschlagen und gelähmt wie vordem. Er wurde lebendiger, verlor seine maskenhafte Starre, ja er wurde fast schon gesprächig. Er fing an, sich wieder mehr für die Schule zu interessieren, er hörte Musik, las viel. Auch malte er wieder sehr viel und brachte immer wieder Bilder mit, über die wir ausführlich sprachen, was Jens offenbar als wohltuend empfand, ohne direkt sagen zu können, woher das rührte.

Die Wut auf die Mutter

Wiederum einige Zeit später, in der 40. Stunde, zeigte Jens mir das Bild mit dem Titel «The Sea of Time» (See der Zeit, Farbtafel Nr. III oben), angeregt durch science-fiction-Lektüre und verschiedene Musiktitel von Pink Floyd, Yes und anderen mehr. Immer noch gibt es die kosmischen Weiten, Galaxien, noch immer existiert kein fester Boden. Bedrohlich, wie die unheimliche Gestalt über dem Jungen Blitze auf ihn schleudert. Aber obwohl dem Jungen im «See der Zeit» (einem wohlgelungenen Selbstporträt von Jens) die nackte Angst anzusehen ist: Er ist lebendig, er ist ein Mensch und nicht mehr Bestandteil einer helmtragenden und gesichtslosen Masse. Und die beiden braunen Hände, welche ins Bild ragen, spenden sie nicht Schutz, so als könnten sie dann, wenn die Angst unerträglich würde, den kleinen Jungen aus der Gefahrenzone nehmen?

In den nächsten Monaten war es, als entdeckte Jens plötzlich, daß es tatsächlich auch eine ganz handfeste und reale Welt gibt. Er begann, an Klassenkameraden herumzunörgeln, faßte neue Pläne für die Zukunft, und seine Leistungen in der Schule wurden erheblich besser.

Da hörte Jens einen Titel der Gruppe «Uriah Heep», der ihn sofort faszinierte und den er immer wieder anhören wollte. Dieses Lied handelte von einem Mädchen, welches durch ein altes Bilderbuch daran erinnert wird, daß die Mutter im Krieg gestorben ist, und das vom Vater in die Wirklichkeit zurückgerufen wird («Come away, Melinda»). Sehr beunruhigende Phantasien steigen in Jens auf, und er zeichnet akribisch den Inhalt des Liedes: Ein weinendes Mädchen kniet an der Leiche seiner Mutter, die von einem Panzer überrollt und zermalmt worden ist. Der Panzer verschwindet in dem «Picture book», und der Vater reicht dem kleinen Mädchen die Hand und möchte es wegführen (s. S. 66)

Mit Jens begann eine neuerliche Veränderung. Sein liebstes Schulfach war bis dahin der Kunstunterricht gewesen. Von seiner Zeichenlehrerin hatte er sich wohlverstanden gefühlt und sie auch sehr geschätzt. Plötzlich fand er, daß sie vom Malen überhaupt nichts verstehe, daß sie unfähig sei, ihn gerecht zu beurteilen. Er begann, seine Arbeiten nachlässig und schlampig zu machen. Wenn er daraufhin zu Recht getadelt wurde, sah er dies als Bestätigung dafür, daß diese Frau ihn niemals verstanden habe und ihn, wie alle anderen Menschen auch, verfolge und ihm übel wolle. Nach und nach steigerte sich seine Wut ins Grenzenlose, er phantasierte in der Therapie, was er dieser Frau alles antun könnte und wie sehr er sie hasse.

Die bisher völlig verdrängte Wut auf seine Mutter, die ihn einst an fremde Leute gegeben und im Stich gelassen hatte, ist in Jens wieder lebendig geworden. Doch diese wilden Haßgefühle (zermalmt von einem Panzer!) bereiteten Jens auch große Ängste und Schuldgefühle. Unbewußt übertrug er deshalb alle jene negativen Gefühle, die eigentlich der Mutter galten, auf die Zeichenlehrerin, die dem völlig veränderten Verhalten von Jens hilflos gegenüberstand, den Jungen und die Welt nicht mehr verstehen konnte. Endlich hatte also für Jens die Auseinandersetzung mit der Mutter, noch verschoben auf die Lehrerin zwar, begonnen – ein Kampf, der sich dann über viele Therapiestunden hinzog, bis Jens soweit und stark genug war, seinen Weg selbst zu gehen.

Ich stehe bis heute mit Jens in lockerem Kontakt, und es geht ihm physisch und psychisch recht gut. Zur Zeit, da ich diesen Bericht schreibe, studiert er Malerei und hat große Fortschritte gemacht. Seine Zeichnungen und Bilder, welche er während der Therapie angefertigt hat, betrachtet er heute skeptisch. Sie befremden ihn, und er glaubt, daß er sich von ihren Inhalten weit entfernt habe.

Für diesen Exkurs weg vom Kindertraum in einen kleinen Ausschnitt einer psychotherapeutischen Behandlung wurden bewußt Träume ausgewählt, bei denen ich nicht gedeutet habe. Insofern können sie auch Anregung sein, mit den spontan erzählten Träumen

> «Plötzlich fand er,
> daß die geschätzte Lehrerin vom Malen
> überhaupt nichts verstehe.»

unserer Kinder umzugehen: einfühlen in die Grundstimmung des Traums und im Zusammenhang mit der Lebensgeschichte versuchen, ihn zu «verstehen». Bei dieser sanften, einfühlenden Methode werden die Kinderträume das Bewußtsein der Eltern und ihre Wahrnehmung verändern, sie werden das Verhalten der Kinder unter ganz neuen Aspekten sehen und anders auf sie eingehen.

Die Gefahr, daß durch eine plumpe Deutelei (z. B. «Also, der Bleistift, von dem du da geträumt hast, das ist ein Penis-Symbol!») von Erwachsenen Schaden angerichtet werden könnte, ist gering – abgesehen davon, daß Menschen, die Kinder verletzen und quälen wollen, dazu immer Mittel und Wege finden werden.

Schon die kleinsten Kinder spüren, daß sie mit ihren Träumen etwas ganz Persönliches hergeben. Wenn zwischen dem Träumer und der Person, der der Traum erzählt wird, keine positive und tragfähige Beziehung besteht, so werden die Traumerzählungen bald eingeschränkt oder eingestellt werden.

Kapitel 5

Vater und Mutter – geträumt

Daß von allen Personen die Eltern in den Kinderträumen am häufigsten vorkommen, wird kaum jemand wundern. Auch nicht, daß die Rolle, die die Eltern in den Träumen ihrer Kinder spielen, mit beginnender Pubertät an Bedeutung verliert, sind doch die jungen Leute in dieser Zeit auf der Suche nach neuen außerfamiliären Beziehungen und Idealen, was selbstverständlich nicht ohne Wirkung auf ihre Träume bleibt.

In diesem Kapitel sollen einige Träume von Kindern und Jugendlichen auf Fragen hin gemustert werden wie zum Beispiel:

- Wie erlebt das Kind Mutter und Vater?
- Welche Phantasien lösen die beiden Elterngestalten aus?
- Welche Wünsche, Gefühle und Ängste muß das Kind im Wachzustand verdrängen und spielen demgemäß im Traum eine Rolle?

Kinder werden schon früh in den Befriedigungsmöglichkeiten bestimmter Wünsche und Bedürfnisse eingeschränkt, weil die Eltern es von ihnen auf Grund der Verhaltensnormen ihrer Umwelt so fordern müssen. Und sie fügen sich diesen Forderungen, weil sie so völlig von der Zuwendung und Liebe der Eltern abhängig sind.

Der dreijährige Junge soll ins Bett. Er möchte aber noch gerne weiterspielen, er fühlt sich noch gar nicht müde. Doch die Eltern bleiben bei ihrem Gebot: weil der Junge seinen Schlaf braucht, weil das Kind bestimmte Regeln lernen muß, vielleicht auch nur, weil sie noch ein wenig allein zusammensitzen möchten – jedenfalls kommt es zu einer Machtprobe zwischen dem Wunsch des Jungen und ihrer Anordnung. Solche mal mehr, mal weniger schweren Konflikte zwischen Kind und Eltern ereignen sich während der gesamten Kindheit immer wieder, und Konflikte spiegeln sich auch immer wieder in den Kinderträumen.

Halten wir uns die disziplinierende Rolle vor Augen, die die Eltern gegenüber ihren Kindern spielen müssen, so kann es kaum überraschen, daß Eltern in den Träumen ihrer Kinder häufig eine nur wenig attraktive Rolle spielen. Denn immer wieder müssen sie ja ihren Kindern Grenzen setzen. Und selbst wenn diese Grenzen so weit wie möglich gesteckt werden und wenn die Methoden der Eltern noch so fein und von Liebe bestimmt sind: Es wird immer wieder der Punkt erreicht werden, wo die Eltern vom Kind auch als einschränkend und einengend erlebt werden.

Die folgenden Träume zeigen einige prototypische Bilder und Situationen von Einengung und Bedrohung durch Vater oder Mutter.

Konflikte zwischen Eltern und Kind, mal schwerer, mal weniger schwer, durchziehen die gesamte Kindheit. Auch wenn Eltern noch so liebevoll sind, werden sie doch immer wieder als einschränkend erfahren.

Die gute Mutter

Werner ist vierzehneinhalb Jahre alt, als er träumt:

«Ich betrete ein Zimmer mit dunkelbraunen und alten Ehebetten. Ich weiß nicht, gehören sie meinen Großeltern mütterlicherseits oder meinen Eltern, es kann beides sein. Plötzlich sind zwei Mädchen da, die ich aus der Schule kenne. Die eine steht Schmiere wegen meiner Mutter, die andere zieht sich ganz nackt aus, und ich streichle ihr die Brüste. Da sehe ich, wie ganz langsam der Türdrücker nach unten geht. Meine Mutter kommt rein und ich flüchte deshalb voller Angst mit den Mädchen durchs Fenster.»

Zu dem Traum fällt Werner ein, daß er die alten Ehebetten im Schlafzimmer seiner Eltern äußerst häßlich fände. Am liebsten wäre ihm, wenn sie hinausgeworfen und neue angeschafft würden. «Aber meine Mutter will immer, daß alles so bleibt, wie es ist.» Die Mädchen kenne er nur flüchtig, aber die eine hätte einen ganz tollen Busen. Überhaupt würden ihn bei nackten Frauen vor allem die Brüste interessieren, deshalb sammle er auch heimlich Zeitschriften mit entsprechenden Abbildungen. Und plötzlich erinnert sich Werner an ein Erlebnis vor einem Jahr, das er nach einigem Zögern schildert: «Ich war allein mit meiner Mutter zu Hause. Sie hat sich im Schlafzimmer umgezogen. Irgend etwas hat mich getrieben, und ich habe durchs Schlüsselloch geguckt. Da stand meine Mutter und war ganz nackt, besonders ihre großen Brüste sind mir aufgefallen. Ich war schrecklich aufgeregt.»

Die Erzählung sei ihm schwergefallen, vor allem, weil ihn die nackte Mutter bis heute in der Phantasie verfolge. Alle Gedankenketten Werners führen immer wieder zurück zu einer Vorstellung, der Faszination von den mütterlichen Brüsten. Solange die jedoch existiert, bleibt es unmöglich, sich aus der Mutterbindung zu lösen und neue Beziehungen aufzunehmen. Diesen Ablösekonflikt schildert der Traum drastisch. Werner sehnt sich nach neuen Beziehungen, sucht andere Möglichkeiten und flüchtet vor der alles beherrschenden Mutter aus der Enge des elterlichen Schlafzimmers (dem Symbol für die enge Beziehung zur Mutter), welches er ja gerne erneuert wissen möchte. Doch sucht und findet er zwangsläufig in allen neuen Beziehungen immer wieder Brüste, die als Teil für das Ganze stehen, die Mutter!

Werner war von klein auf ein unsicheres und ängstliches Kind mit Trennungsängsten, Dunkelheitsängsten und vielen Angstträumen.

Später litt er immer wieder an hartnäckigen Bronchitiserkrankungen, welche ihn wochenlang ans Bett fesselten, was er jedoch geduldig ertrug. Während dieser Zeit wurde er von der Mutter immer so angenehm gepflegt und umsorgt, daß er diese Krankheitsperioden in der Erinnerung als ausgesprochen gemütlich und die Gemeinsamkeit mit der Mutter als wohltuend empfindet. Mit zehn Jahren nahm Werner sehr stark zu und wurde regelrecht fettsüchtig. Natürlich wurde er in der Schule gehänselt und verlacht, ein Grund mehr für ihn, sich noch enger der Mutter anzuschließen, welche ihn daheim für seine unangenehmen Erlebnisse mit gutem Essen, viel Kuchen und Schlagsahne reichlich entschädigte und so immer unansehnlicher werden ließ.

Werner scheint ganz anders zu sein als seine gleichaltrigen Mitschüler, immer nett, freundlich und zufrieden. Er hat auch kein Interesse an Mofas, Mädchen oder irgendwelchen Dingen, welche die Kinder «viel zu früh verderben» – so glaubt jedenfalls die Mutter.

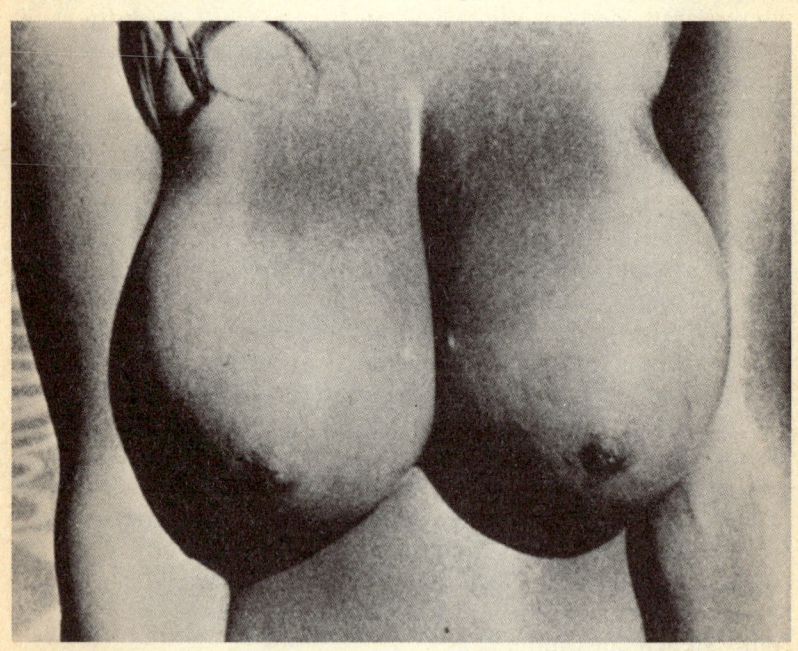

Werner sucht und findet zwangsläufig in allen neuen Beziehungen immer wieder Brüste, die als Teil für das Ganze stehen, für die Mutter.

Er kümmert sich um seine Steinsammlung und sieht danach, daß die Sträucher im Garten gut anwachsen. Im übrigen lernt er für die Schule und «braucht keine Freunde und schon gar keine Freundin, weil er ja seine Mutter hat, die immer für ihn da ist» – so wieder Originalton seiner Mutter. Wie sie wohl reagieren würde, wenn sie Werners Traum erführe?

Dies ist wieder einmal ein Beispiel dafür, wie die Behütung und die Geborgenheit, die die Mutter dem Kind geben muß, wenn es klein ist, bedrohlich und gefährlich wird, wenn die Mutter ihr Kind auch in späterem Alter noch beschützen und bewahren will, nur mit ihm glücklich bleiben und ihn vor den «Gefahren der Welt» bewahren möchte. Dann nämlich können Behütung und Geborgenheit durch den «Mutterschoß» zu einem Gefängnis werden.

An dem kleinen Beispiel im 1. Kapitel, als Wolfgang auf dem Spielplatz in schwindelnde Höhen klettert und die Mutter merkt, wie sehr sie ihn noch behüten will, war zu sehen, wie schwer es ist, mit dem Bedürfnis umzugehen, das Kind festzuhalten. Loslassen ist für die Eltern gewiß auch ein Schmerz und ein Verlust, der verarbeitet werden will.

Die Hexe

Bei dem achtjährigen Hartwig wiederholt sich in regelmäßigen Abständen ein Traum, aus dem er voller Angst erwacht:

«Eine Hexe kommt langsam auf mich zu und will mich auffressen. Ich will fortrennen, aber es geht nicht. Der Hexe kann man nicht entkommen!»

Hartwig ist das einzige Kind seiner Eltern. Zwei Jahre bevor er zur Welt kam, war ein Bruder bei der Geburt erstickt. Infolgedessen war die Mutter während der Schwangerschaft mit Hartwig überängstlich und voller Sorge, sie könnte auch dieses Kind verlieren. Hartwig kam dann ohne Komplikationen zur Welt. Doch von Anfang an behandelte ihn die Mutter überfürsorglich, hegte, pflegte und umsorgte ihn. Sehr bald entwickelte der Junge starke Ängste, allein zu bleiben. Die Mutter konnte das Haus nicht mehr verlassen, jede Nacht wollte der Junge in ihr Bett, und nirgends mehr ging er alleine hin. Nach der Einschulung weigerte er sich – wie nicht anders zu erwarten – auch, zur Schule zu gehen. Als er vom Vater mit Gewalt hingebracht und allein dort gelassen wurde, weinte und schrie er so lange, bis man ihn wieder heimschicken mußte. Wenig später kam es bei Hartwig zu ersten schweren nächtlichen Asthmaanfällen. Die Mutter zog aus dem ehelichen Schlafzimmer aus und schlief von nun an bei dem Jungen, weil sie ihm helfen wollte und «allein schon ihre Nähe ihn beruhigen würde». Dieser Zustand besteht unverändert zum Zeitpunkt der sich wiederholenden Träume.

Was hat nun Hartwigs Traum mit der Mutter zu tun? Er spiegelt nichts weniger als die überaus problematische Mutter-Kind-Beziehung, wie sie von der Geburt an bis zu diesem Zeitpunkt bestand. Die Hexe verkörpert immer wieder die negativen und dunklen Anteile der Mutter, welche kleine Kinder nicht freigeben mag und sie nicht ins Leben lassen möchte. Sie hält nicht nur Kuchen und Gebäck bereit, damit die Kinder Nahrung bekommen und größer werden. Sie will sie auch in den Backofen (das meint den Mutterschoß) stecken, so daß die Kinder wieder eins mit ihr werden sollen.

> «Träume zeigen,
> wenn unser Festhalten für die Kinder
> bedrohlich ist.»

Warum erlebte Hartwig die Mutter so verschlingend; war nicht eigentlich er es, der sich nicht trennen wollte? Nun, in der Tat hatte die Mutter den Jungen schon von der Geburt an so eingeengt, daß ihm der eigene Raum zum Leben fehlte und er auch nicht ein Minimum an Selbständigkeit entwickeln konnte («Ich will fortrennen, aber es geht nicht.»), bis ihm quasi die Atemluft abgeschnitten wurde und er folgerichtig Asthmaanfälle entwickeln mußte.

Hartwig fühlt sich der Mutter ausgeliefert wie Hänsel der Hexe, die Mutter erdrückt ihn mit ihrer Fürsorge und möchte ihn wirklich «vor Liebe auffressen». Warum eine Mutter sich so verhält, das kann viele Gründe haben. Vermutlich war der Verlust des vorigen Kindes für Hartwigs Mutter nur Auslöser und Verstärker solcher Gründe. Womöglich sucht sie im Kind Ersatz für den Ehemann, der sie schwer enttäuscht hat? Oder sieht sie in ihrem Kind eine Fortsetzung ihrer eigenen Person und kann es deshalb nicht als selbständiges Wesen wahrnehmen?

Um es noch mal zu sagen: Solche Tendenzen zum Festhalten sind wohl in den meisten Menschen vorhanden. Die Träume unserer Kinder können uns darauf aufmerksam machen, daß unser Festhalten für sie bedrohlich ist. Sie können uns helfen, auf uns und unsere Bedürfnisse zu achten. Denn wir können mit solchen Wünschen nur umgehen lernen, wenn wir sie bei uns wahrnehmen und als real und damit in gewisser Weise auch als berechtigt akzeptieren – und dabei gleichzeitig sehen, daß eine Realisierung dieser Wünsche unseren Kindern schaden würde.

«Vater als Schicksal»

Michael war zur Zeit der Träume zehn Jahre und zwei Monate alt. Er hatte zwei ältere Brüder, die beide das Gymnasium besuchten und dort mit hervorragenden Erfolgen aufwarteten. Michael ging noch in die Grundschule, aber seine Leistungen, besonders im Rechnen, waren so schlecht, daß keine Hoffnung bestand, daß er jemals eine höhere Schule besuchen könnte. So war Michael das «schwarze Schaf» der Familie – allerdings nicht nur, weil er so in der Schule versagte. Michael hatte darüber hinaus keine Freunde, und nicht einmal die älteren Brüder mochten ihn. Er galt als streitsüchtig, konnte einfach nicht verlieren und neigte zu unkontrollierten Wutausbrüchen. Er wollte alles besitzen – und nach Aussage seiner Eltern konnte er nie zurückstecken und wollte auf nichts verzichten. Andererseits fühlte er sich ständig benachteiligt und zu kurz gekommen, was sich in einem ständigen quengeligen und fordernden Ton bemerkbar machte. Michael erzählte folgende Träume:

«Ein Auto kam die Lindenstraße heruntergeschleudert. Vor unserem Haus ist eine steinerne Mauer, da brach es durch. Im hohen Bogen wurde ein Mann in unser Haus hereingeschleudert. Im gleichen Augenblick fiel ihm der Kopf runter und rollte auf den Boden. Der Mann war so alt wie mein Vater und sah auch fast so aus.»

Direkt nach seiner Erzählung fiel Michael ein, daß er letzte Nacht noch einen Traum gehabt hatte:

«Ich sitze am Ufer von einem See und habe in der Hand eine Funkfernsteuerung und steuere damit ein Boot. Plötzlich sehe ich einen Omnibus kommen, und darin ist ein Kind. Ich sehe, wie das Kind raus will, verrückte Faxen schneidet und versucht, zu Fenstern und Türen herauszukommen. Aber es kann nicht. Und dann sehe ich auf einmal, daß der Omnibus keinen Fahrer hat, sondern er wird von einem Mann, der außen ist, ferngesteuert. Und er steuert den Bus dorthin, wo er will, und nicht, wohin das Kind will.»

Michael hatte ein in den Augen seiner Eltern wirklich eigenartiges

Interesse: Ihn faszinierte alles, was man fernsteuern konnte, Flugzeuge, Schiffsmodelle, Autos usw. Und er wünschte sich nichts sehnlicher als eine solche Funkfernsteuerung, die er aber, weil sie zu teuer war, nicht bekam. Zum Mann im ersten Traum fiel ihm sofort ein, daß er fast identisch mit seinem Vater sei. Auch im zweiten Traum tauchte ein Mann mit Kind, also wieder eine Vaterfigur, auf. Michaels Vater war Manager einer großen Fabrik und fühlte sich von seinem jüngsten Sohn zutiefst enttäuscht. Nie hätte er geglaubt, einmal einen solchen Versager zum Sohn zu haben. Es sei auch nicht das Schulversagen, was ihn in erster Linie störe. Es seien die vielen negativen Charaktereigenschaften des Jungen, welche ihn geradezu abstießen und anekelten. Mit allen Mitteln hätte er es versucht, mit Güte und Liebe zuerst, dann mit Strenge und Strafen. Der Junge sei offensichtlich nicht mehr zu ändern.

Als ich den Vater fragte, weshalb er auf die sogenannten «Charaktereigenschaften» seines Sohnes so heftig reagieren müsse, daß sie ihn sogar «abstießen», wurde er sehr heftig. Er begann zu schreien, daß der Mensch, der es einmal zu etwas bringen wolle, so nicht sein dürfe. Ich wies ihn darauf hin, daß er eben genauso reagiert habe wie sein verachteter Sohn, nämlich mit unkontrollierter Wut.

Michaels Vater hielt inne, fast fiel er in sich zusammen, und er schwieg lange. Nach einiger Zeit meinte er zögernd, daß er insgeheim schon lange gespürt habe, warum ihn die Art des Jungen so reizte. Es seien seine ureigensten Fehler, die er ständig in Michael wiedererkennen müsse. Er sei im Grunde seines Herzens jähzornig, unduldsam, rechthaberisch und könne auf nichts verzichten. Deswegen würde er auch so darüber erschrecken und mit allen Mitteln versuchen, diese Eigenschaften in dem Jungen zu unterdrücken, was jedoch offenbar nicht möglich sei. Und schließlich: Vor einigen Jahren hätten sich diese Wutanfälle bei ihm unter dem Druck starker beruflicher Beanspruchung, wie er glaube, so verstärkt, daß sie schließlich in einen «Nervenzusammenbruch» gemündet hätten und er für sechs Wochen in eine psychiatrische Klinik gemußt hätte.

> «Michael hatte sich mit seinen Träumen
> verständlich gemacht.»

Seither hatte der Mann in der ständigen Angst gelebt, die Zustände von damals könnten wiederkommen und womöglich nicht mehr so gut vertuscht werden wie seinerzeit. Seine eigenen negativen Anteile waren es also, welche er von Michael ständig gespiegelt bekam. Indem er versuchte, sie nur im Kind zu sehen und dort zu bekämpfen und zu unterdrücken, blieb die Angst für ihn einigermaßen erträglich, und indem er Michael dafür bestrafen konnte, entlastete er sich gleichzeitig von Schuldgefühlen: Gott sei Dank war ja der andere so, nicht er selbst. Doch Michael zeigte mit seinen Träumen deutlich, wie er die Vater-Sohn-Beziehung durchschaute: Es ist der Vater, der das Auto nicht steuern kann, also die «Selbst»-Beherrschung verliert. Es ist der Vater, welcher «kopflos» wird, der ihn ständig kastriert, was ihm im Traum vergolten wird. Und schließlich ist Michael das Kind, das aus dem ferngesteuerten Omnibus (einem

Fernsteuerung: Ein Bild, das im Traum manchmal das hilflose Ausgeliefertsein des Kindes ausdrückt.

Fahrzeug für alle, das keine persönlichen Züge trägt so wie er keine tragen darf) raus will, weil er die Fahrtrichtung so nicht bestimmen kann. Michael spürte längst, daß er sich nicht frei entfalten durfte, sondern «ferngesteuert» wurde – von einem allmächtigen Vater.

Michaels Träume waren Ausdruck seines Kampfes gegen diese Fernsteuerung. Es gelang ihm tatsächlich, sich mit ihnen verständlich zu machen und sich so einen Weg in die Zukunft offenzulegen.

Der Riese

Der neunjährige Wolfgang hatte eine schlimme Kindheit hinter sich. Er war schon immer ein schlechter Schüler, mußte einmal eine Klasse wiederholen. Wegen Einnässens und Einkotens ist er in psychotherapeutischer Behandlung. Die Eltern sind geschieden. Wolfgang lebt bei seinem Vater und dessen Freundin, an der er sehr hängt. Er hat eine Lehrerin gefunden, die ihn versteht und die er abgöttisch liebt. Im Verlauf der Therapie kotet und näßt Wolfgang kaum noch ein, auch seine schulischen Leistungen werden etwas besser, und alle Beteiligten sind recht zufrieden. Plötzlich aber wird Wolfgang in der Schule wieder schlechter, näßt verstärkt ein und wirkt ausgesprochen depressiv. In dieser Situation erzählt er folgenden Traum:

«Ich war in G. (in dem Ort, wo er wohnt und auch die Schule besucht) und war winzig klein. Unser Haus und die Schule, aber auch das ganze Dorf waren riesengroß. Da kam ein Riese, der war noch größer. Der hat ausgesehen wie mein Vater, und der hat alle Häuser zertrümmert und durch die Luft gewirbelt. Ich habe solche Angst gehabt, daß ich sterben muß.»

Als ich auf diesen Traum hin den Vater gezielt über anstehende größere Veränderungen befragte, gestand dieser verblüfft, daß er sich von seiner Freundin trennen und die Wohnung auflösen wollte. Wolfgang sollte irgendwohin in Pflege gegeben werden. Die Schule müsse er halt wechseln und die Therapie müsse abgebrochen werden. Bisher hätte er allerdings noch mit niemandem darüber gesprochen, sagte er.

Ganz sicherlich könnte man gerade diesen Traum sehr verschiedenartig sehen und verstehen. Doch bezogen auf die aktuelle Situation Wolfgangs zeigte er vor allem den erneuten Zusammenbruch von Wolfgangs kleiner Welt mit ihrem schwachen Hauch von Glück. Nicht anders, nur als wütenden und zerstörerischen Riesen, als ein ungeschlachtes, allmächtiges und gefühlloses Wesen konnte er den Vater im Augenblick wahrnehmen. Das Unabänderliche konnte nur mit Resignation und Depression beantwortet werden: mit Schulversagen, denn wenn es keine Zukunft gab, wofür sollte er denn lernen? Zu dieser Zeit malte Wolfgang das Bild mit den Schneebergen (siehe Farbtafel IV, unten). Die Fläche auf dem Bild

«Plötzlich
wird er in der Schule schlechter,
näßt verstärkt ein.»

ist erschreckend leer, keine Pflanze, kein Tier, kein Mensch sind zu sehen. Man glaubt, geradezu arktische Kälte zu spüren, und die kalten, unvermischten Farben grün, blau und das leere und wie tote Weiß verstärken noch diesen Eindruck. Braun (also das Erdhafte) ist nur in Spuren zu erkennen, das vitale Rot ebenso. Und was bedeuten eigentlich diese vereisten Schneeberge, die so seltsam rund herausragen? Die Ehe der Eltern wurde seinerzeit geschlossen, weil ein Kind unterwegs war, welches aber bei der Geburt starb. In rascher Folge wurden dann fünf Kinder geboren, Wolfgang war das dritte. Allerdings kümmerte sich die Mutter kaum um die Kinder. Weil sie tagsüber meist in Wirtschaften verkehrte, wurden die Kleinen nur mangelhaft oder überhaupt nicht versorgt. Wenn der Vater abends von der Arbeit kam, fand er nicht selten die Mutter schlafend vor, die Kinder hungrig, verschmutzt und verstört. Oft waren sie geschlagen worden, weil sie die Mutter «gestört» hatten. Als die Frau schließlich ein Verhältnis mit einem anderen Mann anfing, ließ Wolfgangs Vater sich scheiden. Vier Geschwister kamen in ein Heim, weil man die Mutter für unfähig hielt, für sie zu sorgen, und Wolfgang zog mit seinem Vater nach G., wo dieser seine Freundin kennengelernt hatte, von der er sich jetzt trennen möchte. – Man könnte meinen, die vereisten Schneeberge auf Wolfgangs Bild erinnern an Mutterbrüste, aber an solche, an denen ein Kind keine Wärme finden kann . . .

Nach langem Hin und Her blieben der Vater und seine Freundin dann doch zusammen und heirateten. Wolfgang konnte in G. bleiben, die Schule weiter besuchen, und auch die Therapie konnte fortgesetzt werden. Schon lange kotet und näßt Wolfgang nicht mehr ein, der ungeschlachte Riese ist geschrumpft, und er trägt inzwischen die menschlichen Züge seines Vaters.

Träume helfen uns verstehen

Wir sind ausgezogen, Träume zu verstehen, und haben Schicksale gefunden und eine Reihe von Problemen, die Kinder und Jugendliche in unserer Welt gemeinsam haben und tragen.

Etwa die Hälfte der geschilderten Träume dieses Buches stammen von seelisch gesunden Kindern, sie wurden zumindest nicht während einer psychotherapeutischen Behandlung geträumt. Bis auf zwei Ausnahmen (diese Träume wurden mir von ihren Eltern berichtet) wurden mir die Träume direkt von den Kindern erzählt und wurden nicht, wie bei Kinderträumen der Brauch, in der Form eines Aufsatzes geliefert. Vielleicht ist deshalb die eine oder andere Wendung in den Traumerzählungen nicht mehr authentisch, weil zwischen kindlicher Erzählung und meiner Niederschrift immer etwas Zeit verstrich: Für den Umgang mit Träumen eignet sich jedoch nur die spontane Erzählung. Für den Umgang mit Träumen der eigenen Kinder ist es besonders wichtig, bei jeder Traumerzählung darauf zu achten, wie ein Kind seinen Traum erzählt. Zögert es? Ist die Stimme leise? Spricht es atemlos? Gestikuliert es? Verspricht es sich? Gebraucht es bestimmte Wendungen? All dies kann helfen, besser zu verstehen.

Wir haben gesehen, daß in den Träumen die Konflikte oft ‹verschlüsselt›, chiffriert werden. Wir konnten auch lernen, daß es bestimmte Chiffren gibt, die immer wieder auftauchen – quasi wie Begriffe einer ‹Traumsprache›: die Hexe als die Chiffre für die festhaltende und verschlingende Mutterfigur, Räuber oder ‹böse Tiere› für aggressive und bedrohlich-sexuelle Triebanteile, Polizisten als die Kontrolleure des Gewissens, Urwald als Bild für das Unheimliche und Gefährliche in den Tiefen der Seele oder ‹langes Rohr› für den Penis.

Das sei hier noch einmal betont: Diese «Traumsprache» kennengelernt zu haben, kann eine große Gefahr sein, Träume oberflächlich und mechanisch zu deuten und sich damit von ihrem Verständnis weiter als je zu entfernen.

Wirklich verstehen, das muß immer wieder gesagt werden, lassen sich die Träume nur auf dem Hintergrund der je individuellen Lebensgeschichte. Hier muß sich erweisen, ob die Chiffre das bedeutet, was sie auf den ersten Blick zu bedeuten scheint.

Der Traum kann helfen, Ängste, Befürchtungen und Konflikte des Träumers zu sehen und zu verstehen – er kann Anlaß sein, das Verhalten gegenüber dem Kind zu überdenken, die eigenen Wünsche und Bedürfnisse, die dabei eine Rolle spielen, näher in Augenschein zu nehmen und sich damit auseinanderzusetzen.

Wer Träume, die ihm erzählt wurden, benutzt, um die Konflikte der Kinder weiter zu verschärfen, der braucht ohne Sorge zu sein: Er wird bald keine Träume mehr erfahren.

Stichwort: Kindertraum

‹Träume sind Schäume›, so sagt der Volksmund noch heute. ‹Der Schein muß dem Menschen oft das Sein zeigen, der Traum den Tag›, ahnt der Dichter Jean Paul schon vor zwei Jahrhunderten. Seit Jahrtausenden übt der Traum eine gleichbleibende, geheimnisvolle Anziehungskraft auf die Menschen aus, die aus seinen phantastischen Bildern immer wieder die Zukunft lesen wollten. Traumdeutung und Traumbücher haben deshalb eine, wenn auch nicht immer seriöse, lange Tradition. Träume begleiten uns während des ganzen Lebens. Schöne Träume und Angstträume. Träume, die geradezu prophetischen Charakter zu haben scheinen und solche, die uns verwirren, erschrecken, erschüttern oder beschämen. So daß wir uns endlich in die rettende Vorstellung flüchten müssen, daß Träume wirklich nur Schäume sind?

Sigmund Freud

Das Verdienst, den Traum einer wissenschaftlichen Betrachtung und Deutung zugeführt zu haben, gebührt Sigmund Freud mit seinem fundamentalen Werk ‹Die Traumdeutung› (1900). Bezeichnend für die Einstellung zum Traum und zur Traumdeutung um die Jahrhundertwende ist wohl die Tatsache, daß in den ersten sechs Jahren nach Veröffentlichung ganze 351 Exemplare verkauft werden konnten. Freuds wesentlichste Erkenntnis ist, daß jeder Traum eine ‹halluzinierte Wunschvorstellung› darstellt, wie an den nichtchiffrierten Traumbildern von kleinen Kindern oft

leicht zu sehen ist. Eva, 4,9 Jahre alt, war mit ihren Eltern auf einem Volksfest und bekam dort eine Portion Pommes frites, die sie in kürzester Zeit aufaß, und gerne hätte sie noch mehr gehabt. Am nächsten Morgen erzählt sie folgenden Traum:

‹Wir waren bei einem Fest. Dann habe ich gemeint, ich habe an meinem Bett Pommes frites stehen. Bin ich aufgewacht – keine mehr da!›

Bis es wieder einmal auf einem Fest Pommes frites geben würde, so lange konnte Eva nicht warten, der Traum wollte die oralen Wünsche sofort erfüllen. Die meisten Träume – nehmen wir noch die Körperreizträume aus – sind im Gegensatz zu dem eben geschilderten befremdlich, wirken sinnlos, unzusammenhängend und verworren. Doch auch hier liegt nach Freud immer eine Wunscherfüllung vor, allerdings in verhüllter Form. Denn der Traum, so wie ihn der Träumer erlebt, erinnert und erzählt, ist nur die sichtbare Oberfläche, der *manifeste Trauminhalt*. Erst durch die freie Assoziation des Träumers, kann auf den *latenten Trauminhalt* oder die (latenten) *Traumgedanken* geschlossen werden, dem Wachleben entstammende Wünsche, welche in verhüllter Form erfüllt werden sollen.

Der manifeste Trauminhalt gibt den latenten Trauminhalt oder Traumgedanken nur entstellt oder bis zur totalen Unkenntlichkeit verschlüsselt wieder. Freud: ‹Traumgedanken und (manifester) Trauminhalt liegen vor uns wie zwei Darstellungen desselben Inhaltes in

Von Kindern, die es trotzdem schafften

«Ich möchte gern Träumern helfen…

... die es schwer haben, sich im Leben durchzusetzen», schrieb der Mann in seinem Testament. Er selbst hatte es als Kind äußerst schwer gehabt: Der Vater auf der Flucht vor den Gläubigern, sein Sohn, das vierte Kind, sterbenskrank. «Meine Wiege glich einem Totenbett», schrieb er später von sich. Ein einziges Jahr nur, im Alter von acht Jahren, konnte er die Schule besuchen. Mit seinen Geschwistern mußte er Streichhölzer auf der Straße verkaufen, weil das karge Einkommen der Mutter aus einem Gemüseladen nicht reichte.

In seinem Leben aber hat der Mann sich dann nicht nur eine umfangreiche Bildung angeeignet (er beherrschte schließlich mehrere Sprachen), sondern auch ein riesiges Vermögen gebildet. Er wurde einer der reichsten Männer der Welt: Alfred Nobel.

Allen Eltern zum Trost: Die Schulnoten allein sind nicht entscheidend dafür, wieviel Banknoten man später verdient.

Pfandbrief und Kommunalobligation

Meistgekaufte deutsche Wertpapiere - hoher Zinsertrag - schon ab 100 DM bei allen Banken und Sparkassen

Verbriefte Sicherheit

zwei verschiedenen Sprachen oder besser gesagt, der Trauminhalt erscheint uns als eine Übertragung der Traumgedanken in eine andere Ausdrucksweise, deren Zeichen und Fügungsgesetze wir durch die Vergleichung von Original und Übersetzung kennenlernen sollen.› (Freud 1972, S. 280)

Der Vorgang, welcher die Entstellung bewirkt und somit zur Verhüllung der latenten Traumgedanken führt, ist die *Traumarbeit*. Sie verwendet verschiedene Möglichkeiten: Einmal die *Verdichtung* – latente Elemente, die etwas Gemeinsames haben, werden für den manifesten Traum zusammengelegt und zu einer Einheit verschmolzen. Freud: ‹Wir verstehen darunter die Tatsache, daß der manifeste Traum weniger Inhalt hat als der latente, also eine Art von abgekürzter Übersetzung des letzteren ist.› (Freud I 1969, S. 179)

Ein anderes Mittel, welches der Traumarbeit zur Verfügung steht, ist die *Verschiebung* (ein Terminus, der später auch für einen Abwehrmechanismus des Ichs gebraucht wird).

Freud erklärt die Verschiebung, den zweiten charakteristischen Primärprozeß, welcher auf das Traummaterial einwirkt, so: ‹Ihre beiden Äußerungen sind erstens, daß ein latentes Element nicht durch einen eigenen Bestandteil, sondern durch etwas Entfernteres, also durch eine Anspielung ersetzt wird, und zweitens, daß der psychische Akzent von einem wichtigen Element auf ein anderes, unwichtiges übergeht, so daß der Traum anders zentriert und fremdartig erscheint.› (Freud I 1969, S. 181) Eine weitere Funktion der Traumarbeit ist, Gedanken und Impulse so zu verändern, daß sie als Teil des manifesten Trauminhaltes in ‹visuellen Bildern› dargestellt werden können. Es muß durch Reduzierung auf einen möglichst knappen und einheitlichen Ausdruck ‹*Rücksicht auf die Darstellbarkeit*› genommen werden.

Die *sekundäre Bearbeitung* ist schließlich der psychische Mechanismus, welcher aus den Ergebnissen der Traumarbeit, also Verdichtung, Verschiebung und Plastischer Darstellung, etwas Ganzes, ungefähr Zusammenpassendes herstellt. ‹Dabei wird das Material nach einem oft ganz mißverständlichen Sinn angeordnet und, wo es nötig scheint, Einschübe vorgenommen.› (Freud I 1969, S. 188)

Kehren wir nun zur Feststellung Freuds zurück, daß jeder Traum die Erfüllung eines unterdrückten oder verdrängten Wunsches darstellt. Viele Wünsche, vor allem jene, welche die Befriedigung von Trieben zum Ziel haben, müssen unter dem Druck des Über-Ichs (einer Verinnerlichung elterlicher Forderungen und Verbote) im Wachzustand verdrängt werden. Würden diese verpönten, nun unbewußten Wünsche im Traum erfüllt, so könnte der Schläfer beunruhigt werden und womöglich aufschrecken. Doch der Traum ist der Hüter des Schlafes: Eine kritische Instanz, die *Traumzensur*, sorgt deshalb dafür, daß die peinlichen verdrängten Traumgedanken nicht ins Bewußtsein gelangen können: Die latenten Traumgedanken werden durch die Traumarbeit mit Hilfe gewisser *Tagesreste* in den manifesten Trauminhalt umgebildet. So entstellt und getarnt können die Traumgedanken der Kritik der Traumzensur entgehen und die darunterliegenden Wünsche können somit Erfüllung finden. Auch den Angsttraum sieht Freud als das Ergebnis einer Wunscherfüllung, allerdings als die offene Erfüllung eines verdrängten Wunsches. Freud: ‹Die Angst ist das Anzeichen dafür, daß der verdrängte Wunsch sich stärker gezeigt hat als die Zensur, daß er seine Wunscherfüllung gegen dieselbe durchgesetzt hat oder durchzusetzen im Begriffe war.› (Freud I 1969, S. 220)

Der Prozeß, durch den man vom manifesten Trauminhalt zu seiner latenten Bedeutung und den infantilen Konflikten gelangt, ist die *Traumdeutung*. Sie wurde für Freud die ‹Via regia zur Kenntnis des Unbewußten im Seelenleben.› (Freud II 1972, S. 577) Denn Freuds Interesse am Traum hatte sich ursprünglich an der vermuteten Möglichkeit entzündet, über den Traum ins Unbewußte vorzustoßen. Seine Absicht war es, die unbewußten und verdrängten Inhalte wieder dem Bewußtsein zuzuführen und so z. B. eine Heilung neurotischer Symptome eines Patienten zu erreichen.

C. G. Jung

C. G. Jung sieht den Traum nicht nur als den zum Unbewußten führenden ‹Königsweg›, für ihn ist er ‹eine spontane Selbstdarstellung der aktuellen Lage des Unbewußten in symbolischer Ausdrucksform›. (Jung 1971, S. 126), eine Funktion, durch welche das Unbewußte seine regulierende Tätigkeit unter Beweis stellt. Der Traum steht in einem kompensatorischen Verhältnis zum Bewußtsein und bedeutet somit immer eine Ergänzung, einen Ausgleich oder eine Berichtigung, sei es in Form der Warnung oder der Betonung und Unterstreichung. Die mit Hilfe der Traumphantasie zustande gekommenen Bilder können somit einem Träumer bisher verborgene Möglichkeiten zur Selbstverwirklichung aufzeigen. Jung fragt also nicht nur nach der Bedeutung des Traumes, er fragt auch ‹Wozu dient dieser Traum? Was soll er bewirken?› (Jung 1971, S. 103) und stellt damit Freuds *kausaler Betrachtungsweise* eine *finale* gegenüber.

Jung unterscheidet zweierlei Formen oder Ebenen der Deutung von Träumen. Zum einen, die *Deutung auf der Subjektstufe*: ‹Diese Deutung faßt, wie der Terminus sagt, alle Figuren des Traumes als personifizierte Züge der Persönlichkeit des Träumers auf.› (Jung 1971, S. 129) Alle Personen, Tiere, Pflanzen, Gegenstände, von denen der Mensch träumt, sind also auch Anteile seiner eigenen gegenwärtigen Person und enthalten alle Aspekte seiner künftigen Möglichkeiten. Die *Deutung auf der Objektstufe* meint, daß die Traumfiguren ganz konkret und nicht symbolisch zu verstehen sind. ‹Sie stellen dann die Einstellung des Träumers zu den äußeren Gegebenheiten, bzw. Personen dar, zu denen er in Beziehung steht.› (Jacobi 1967, S. 139)

Den Aufbau und die Struktur des Traumes vergleicht Jung mit einem Drama. Die *Exposition* gibt den Ort der Handlung, die handelnden Personen und die Ausgangslage an. Die zweite Phase ist die *Verwicklung*. Es treten Komplikationen ein und sorgen für Spannung und Zuspitzung. Schließlich kommt es zur *Kulmination* oder *Peripetie*, es geschieht etwas Entscheidendes und die Handlung führt zu einem Höhepunkt, zur Wandlung, aber auch zur Katastrophe. Die letzte Phase ist die *Lysis*, die Lösung oder das durch die Traumarbeit erzeugte Resultat, der kompensatorische Hinweis. Träume, welche keine Lysis aufweisen, können auf eine unheilvolle Entwicklung im Leben des Träumers hinweisen.

In schicksalsentscheidenden Abschnitten des Lebens (Pubertät, Lebensmitte, Wechseljahre, vor dem Tod) kommt es häufig zu besonders bedeutungsvollen ‹großen› Träumen. In ihnen kommen ‹symbolische Gebilde vor, denen wir auch in der Geschichte des menschlichen Geistes begegnen.› (Jung 1971, S. 156) Diese mythologischen Motive nennt Jung *Archetypen*, sie sind als ‹spezifische Formen und bildmäßige Zusammenhänge zu verstehen, die sich in übereinstimmender Form nicht nur in allen Zeiten und Zonen, sondern auch in den individuellen Träumen, Phantasien, Visionen und Wahnideen finden›. (Jung

1971, S. 157) Ihr häufiges Vorkommen in individuellen Fällen und ihre ethnische Ubiquität ist für Jung ein Nachweis dafür, daß es neben dem *persönlichen Unbewußten* auch ein *kollektives* geben muß. Dieser tiefen und archaischen Schicht entstammen die Symbole und Archetypen der ‹großen› Träume, Urbilder, welche für die Menschheit überhaupt typisch sind.

Kritik an Freud und Jung

Scharfe Kritik erfuhren Sigmund Freuds psychoanalytische Traumtheorie wie auch C. G. Jungs Verständnis vom Traum von dem von Heidegger beeinflußten Medard Boss (1953). Er wirft Freud vor, bei der Rekonstruktion der latenten Traumgedanken der ‹Willkür und der Gewalttätigkeit› Tür und Tor geöffnet zu haben. Weil seiner ‹kausalenergetischen Erklärung und mechanistisch-motorenhaften Ableitung› zwangsläufig nur die Wunsch- und Trieberfüllungsträume zugänglich waren, wurden sie von Freud auch nur als die einzigen und wirklichen Träume anerkannt. Alle Träume, welche sich seinem Verfahren widersetzten, hätte Freud deshalb einfach verleugnet. Auch Jung hätte, wie Freud, die Psyche und ihr Funktionieren dadurch erklärt, daß er sie in ‹hypothetische Teilgegenstände zerlegte, und wäre im Grunde immer einem technisch-naturwissenschaftlichen Denken verhaftet geblieben. Boss meint: «Wie Freud letzten Endes die ganze ‹Psyche› auf seine Triebvorstellungen reduzierte, gelangte auch C. G. Jung bei der Atomisierung des ‹psychischen Gleichgewichtssystems› zu den ‹Archetypen› als dessen letzte Bausteine oder Energiequellen und zu der Vorstellung eines ‹kollektiven Unbewußten› als der Versammlung all dieser.» (Boss 1953, S. 60)

Nach Boss sollte nicht ‹zerstückelnd und rationalisierend› an den Traum herangetreten werden, nur ein *phänomenologisches Auslegen* würde das anschaulich in einem Traum Gegebene in seinem eigenen, vollen Gehalt sehen und sich aneignen. Der wache Mensch sei auf ein bloß zweckdienliches Benützen möglichst vieler Dinge eingestellt und es begegneten ihm tausend Dinge auf einmal. Boss: ‹Das Wesen des träumenden Menschen dagegen ist besonders oft und intensiv auf eine einzige, ganz bestimmte Grundstimmung versammelt. Der versammelten, geschlossenen Grundstimmung entsprechend wird nichts anderes als jene Dinge und Menschen in die jeweiligen Traumwelten eingelassen, deren Wesen und Seinsart, deren Verhaltensweisen genau derjenigen entsprechen, in der sich der Träumer aus seiner Stimmung heraus gerade bewegt.› (Boss 1953, S. 128) Außer sich phänomenologisch in den Traum hineinzuversetzen, solle man sich nach Boss jeder weiteren Technik der Traumbearbeitung enthalten. Eckart Wiesenhütter (1966) empfiehlt deshalb dieses Verfahren, ‹sich in die Gesamtstimmung des Traumes hineinzumeditieren›, in seinem Traum-Seminar als besonders geeignet für den Umgang mit Kinderträumen. Er hält es für die erste und eine wichtige Methode bei jeder Traumbearbeitung. Das Verfahren der phänomenologischen Traumauslegung dürfte allerdings kaum die Kenntnis von Freuds und Jungs Techniken künftig als unnötig erscheinen lassen, es ist möglicherweise jedoch eine sinnvolle Ergänzung.

Experimentelle Traumforschung

Die Behauptung vieler Menschen, die Erkenntnisse der Traumdeutung seien höchstens auf die Träume weniger Neurotiker anwendbar, weil sie selber niemals träumen würden, wurde durch die experimentelle Traumforschung widerlegt. Die Amerikaner Kleitman und Aserinsky entdeckten 1953, daß bei allen Versuchspersonen phasenweise während des Schlafes schnelle Augenbewegungen auftraten, von denen sich zeigte, daß sie ein sicherer Anzeiger für den Vorgang des Träumens sind (Rapid eye-movement), abgekürzt R.E.M.-Phasen.) Ein zweites physiologisches Merkmal für das Auftreten von Traumphasen konnte William Dement nachweisen, nämlich ein bestimmtes Muster von Hirnaktionsströmen. Mit Hilfe dieser Verfahren und begleitenden Messungen der Hauttemperatur, der Durchblutung etc., konnten wichtige wissenschaftliche Erkenntnisse über das Träumen gewonnen werden. Die erste überraschende Feststellung war, daß ausnahmslos jeder Mensch in jeder Nacht im Schnitt vier bis fünf Traumphasen hat, die insgesamt etwa ein Fünftel der Gesamtschlafzeit ausmachen. Es wird also viel mehr geträumt, als man bisher angenommen hatte, und zwar auch von solchen Menschen, die angeblich nie träumen, sich, wie sich gezeigt hat, in Wirklichkeit nur nicht ihrer Träume erinnern. William Dement: ‹Das Träumen scheint also eine stabile Funktion des Schlafs zu sein, die bei jedem Schläfer in jeder Nacht in Erscheinung tritt, obwohl die Träume gewöhnlich nicht erinnert werden. (Dement 1968, S. 322) Als man die Versuchspersonen am Weiterträumen hinderte, indem man sie nach dem Beginn einer R.E.M.-Phase weckte, traten nach einigen Tagen schwere psychische Störungen auf, Angst, Unruhe, Sinnestäuschungen. In den darauffolgenden Erholungsnächten bewirkte der vorangegangene Traumentzug eine merkliche Verlängerung der sonst üblichen Traumzeit und einen Nachholbedarf an R.E.M.-Phasen. Es wurde somit eindrucksvoll bewiesen, daß es für jeden Menschen notwendig ist, jede Nacht eine bestimmte Zeit lang zu träumen – längerer Traumentzug würde geradezu zum Zerfall der Persönlichkeit führen.

Nach dem Muster der experimentellen Schlafforschung führte der Physiologe David Foulkes ein Forschungsprojekt über Kinderträume durch, in dem vierzehn Kinder vom dritten bis zum achten Lebensjahr und zwölf Kinder vom neunten bis zum fünfzehnten Lebensjahr kontinuierlich acht bis neun Nächte pro Jahr beobachtet wurden. In dieser Zeit kam es zu 788 Traumberichten. Nach Foulkes' Auswertungen sind die Träume kleiner Kinder ziemlich einfach und frei von Emotionen. In keiner Altersstufe gab es besonders schreckliche oder bedrückende Träume und auch kein Beweismaterial für Kontakt mit einer symbolträchtigen Welt. Tagesreste überwogen: Die meisten Träume waren ‹ziemlich getreue Abbilder einiger äußerer Umstände, Sorgen und Interessen aus ihrem Wachdasein.› (Foulkes 1979, S. 60) Angstträume konnten kaum registriert werden, die Erklärung für die seltenen Alptraum-Episoden vermutet Foulkes im Physiologischen (eventuell in einer Verlangsamung der Lebensfunktionen während des NON-R.E.M.-Stadiums), und typisch für ein bestimmtes Entwicklungsstadium hält er sie nicht.

Den Kindertraum ernst nehmen

Von der experimentellen Traumforschung wird der Kindertraum offensichtlich als aussageschwach eingeschätzt, ganz entgegen der Meinung dieses Buches. Was erklärt diese Diskrepanz? Bleibt Traumforschung allgemein und formal, sucht sie nur nach Regeln und Gesetzen, läßt sie leicht das Persönliche und Einmalige außer acht. Erst wenn der Kindertraum in das Lebensgesamt mit einbezogen wird, erkennen wir seine Dichte und seine Aussagekraft. Zum andern: Auch wenn es die Schlafforscher bestreiten mögen, die Situation im Schlaflabor, mit Drähten auf der Kopfhaut und mit ständiger Unterbrechung des Schlafes ist halt keine natürliche. Es ist eine alte Erkenntnis, daß Träume und ihr Inhalt sehr von dem abhängig sind, was die Umwelt vom Träumenden erwartet und Traumsuggestionen gelingen besonders gut bei Kindern. Daß die Träume von Kindern unterschätzt werden, hat allerdings Tradition seit Sigmund Freud, der hierzu äußerte: ‹Die allereinfachsten Formen von Träumen darf man wohl bei Kindern erwarten, deren psychische Leistungen sicherlich minder kompliziert sind als die Erwachsener. Die Kinderpsychologie ist nach meiner Meinung dazu berufen, für die Psychologie der Erwachsenen ähnliche Dinge zu leisten wie die Untersuchung des Baues oder der Entwicklung niederer Tiere für die Erforschung der Struktur der höchsten Tierklassen.› (Freud II 1972, S. 145) Träume von Kindern wollen jedoch nicht als die Miniaturausgabe eines Erwachsenentraums gesehen werden, sondern in ihrer Eigenständigkeit und Typik. Weil es aber kaum gelingt, Kinder zum Assoziieren anzuleiten, konnte sich die Trauminterpretation gegenüber anderen Techniken in der Kinderpsychotherapie nicht durchsetzen, was vielleicht zu einem Teil das mangelnde Interesse an den Träumen der Kinder erklärt. Träume, gerade von kleinen Kindern, sind jedoch ein wichtiges Instrument für die Diagnostik und können Auskunft geben über viele äußere und innere Konflikte, den Stand der psychosexuellen Entwicklung, Regressionen zu früheren Positionen und vieles mehr. So ist der Beginn der phallischnarzißtischen Entwicklungsphase im allgemeinen gekennzeichnet durch eine vermehrte Traumtätigkeit, häufig begleitet von Ängsten, nächtlichem Erwachen und – konträr zur Situation im Schlaflabor – spontanen Traumerzählungen. Ursachen sind die genital-sexuellen Wünsche und der Ambivalenzkonflikt in der Beziehung zum gleichgeschlechtlichen Elternteil. Thematik der Angstträume beim Jungen sind seine Befürchtungen, der väterlichen Rache zum Opfer zu fallen und sein Genital zu verlieren. Die nächtlichen Traumattakken werden tagsüber manchmal von symbolischen Handlungsweisen während des Spiels begleitet. Die Masturbation und die begleitenden Phantasien über das geliebte Objekt evozieren Schuldgefühle und Ängste bei Jungen wie bei Mädchen, welche sich in entsprechenden Träumen bemerkbar machen. Nach einer Phase der Ruhe während der Latenzzeit, werden mit beginnender Präadoleszenz die Partialtriebe und der ödipale Konflikt wiederbelebt, was einen neuen Schub von Angstträumen einleitet.

Kenntnisse von der psychosexuellen Entwicklung, Grundlagen über Traum und Traumdeutung sowie eine Vertrautheit mit den Abwehrmechanismen sind für die Beurteilung und das Verständnis der kindlichen Träume innerhalb der Erziehung, speziell der Sexualerziehung notwendig. Tobias Brocher: ‹Für die Sexualerziehung ist ein Grundwissen über Traum und Traumtheorien deshalb erforderlich, weil Kinder und Jugendliche häufiger von Angstträumen geplagt werden, die sich oft wiederholen. Aus dem Inhalt des manifesten Trauminhaltes läßt sich mit einigem psychologischen Geschick, vor allem durch die weiteren Assoziationen, Einfälle und sonstigen Befürchtungen, Wünsche und Interessen des Kindes das Grundthema des latenten Trauminhaltes erschließen. Da dieses Thema dem Kind unbewußt bleibt, läßt sich die erzieherische Hilfe durch eine vom aktuellen Traum unabhängigen Klärung dieser Inhalte in Richtung einer Ermutigung verstärken, ohne dem Kind dabei die Angst ausreden zu wollen, was nicht das geringste bewirken würde.› (Brocher 1972, S. 648) Es gibt genügend Gründe, welche dafür sprechen, den Kindertraum ernst zu nehmen und ihn als eine wichtige Mitteilung aus dem Unbewußten zu betrachten. Nichtsdestotrotz wird zumeist dem Träumen im allgemeinen, den kindlichen Träumen ganz besonders, kein Wert beigemessen, weil sie nicht selten als Ausgeburt einer überschäumenden Phantasie abgetan werden. Vielleicht werden sie manchmal vom klugen Erwachsenen noch als Witzchen aus Kindermund angehört, oft wird ein Eingehen auf sie sogar als schädlich angeprangert. Die Geringschätzung oder Ablehnung des kindlichen Traums mit scheinbar rationalen Begründungen ist jedoch sehr häufig Resultat von irrationalen Ängsten vor der eigenen unbewältigten Vergangenheit.

Literatur

Aichele, Julie: Das Tier in Traum und Phantasie der Jugendlichen, in: Zentralblatt für Psychotherapie, 12, 1940/41

Bach, Susan: Spontanes Malen schwerkranker Patienten, Documenta Geigy, Acta psychosomatika 8, Basel 1966

Bettelheim, Bruno: Kinder brauchen Märchen, Stuttgart 1977

Blos, Peter: Adoleszenz, Stuttgart 1973

Bowlby, John: Bindung, München 1975

Boss, Medard: Der Traum und seine Auslegung, München 1974

Brocher, Tobias: Psychosexuelle Grundlagen der Entwicklung, Opladen 1971

Brocher, T./v. Friedeburg, L. (Hg.): Lexikon der Sexualerziehung, Stuttgart 1972

Dement, William: Die Wirkungen des Traumentzugs, in: Bedeutung und Deutung des Traumes in der Psychotherapie, Darmstadt 1968

Dettmering, Peter: Der Pavor nocturnus und die Grenzen der Sprache, in: Praxis der Kinderpsychologie und Kinderpsychiatrie, 10/1973

Dieckmann, Hans: Träume als Sprache der Seele, Fellbach 1978

Fischer, E.: Kinderträume, Stuttgart 1928

Foulkes, David: Der Traum – Spiegelbild der kindlichen Entwicklung, in: psychologie heute, 5/1979

Freud, Anna: Wege und Irrwege in der Kinderentwicklung, Stuttgart 1971

Freud, Anna/Bergmann, Thesi: Kranke Kinder, Frankfurt 1976

Freud, Sigmund: Vorlesungen zur Einführung in die Psychoanalyse, Neue Folge, Studienausgabe Bd. I: Frankfurt 1969

Freud, Sigmund: Die Traumdeutung, Studienausgabe Bd. II, Frankfurt 1972

Freud, Sigmund: Psychologie des Unbewußten, Studienausgabe Bd. III, Frankfurt 1975

Freud, Sigmund: Sexualleben, Studienausgabe Bd. V, Frankfurt 1972

Freud, Sigmund: Zwei Kinderneurosen, Studienausgabe Bd. VIII, Frankfurt 1969

Freud, Sigmund: Schriften zur Behandlungstechnik, Studienausgabe Ergänzungsband, Frankfurt 1975

Graber, G. H.: Seelenspiegel des Kindes, Zürich 1948

Graevenitz, Jutta v. (Hg.): Bedeutung und Deutung des Traumes in der Psychotherapie, Darmstadt 1968

Grempel, Franz: Kinderträume und ihre psychologisch-pädagogische Auswertung, in: Bl. Lehrerfortbildung V/1953

Grempel, Franz: Zwischenmenschliche Spannungen im Spiegel des Kindertraumes, in: Bl. Lehrerfortbildung VI/1954

Grempel, Franz: Gruppendynamik im Spiegel des Kindertraums, in: Jb. Psychol. Psychother. Med. Anthropol. 9/1962

Heusser, Hans (Hg.): Instinkte und Archetypen im Verhalten der Tiere und im Erleben des Menschen, Darmstadt 1976

Jacobi, Jolande: Die Psychologie von C. G. Jung, Zürich 1967

Jung, C. G.: Die Beziehungen zwischen dem Ich und dem Unbewußten, Zürich 1966

Jung, C. G.: Über psychische Energetik und das Wesen der Träume, Olten 1971

Kalff, Dora M.: Sandspiel, Erlenbach –Zürich 1979

Kardorff, Uta: Wünsche in der Nacht, Freiburg 1973

Kiessig, Martin (Hg.): Dichter erzählen ihre Träume, Stuttgart 1976

Klein, Melanie: Die Psychoanalyse des Kindes, München 1973

Kuiper, P. C.: Die seelischen Krankheiten des Menschen, Stuttgart 1969

Laiblin, W. (Hg.), Märchenforschung und Tiefenpsychologie, Darmstadt 1972

Laiblin, Wilhelm: Wachstum und Wandlung, Darmstadt 1974

Laplanche/Pontalis (Hg.): Das Vokabular der Psychoanalyse I/II suhrkamp taschenbuch wissenschaft 7

Loch, W. (Hg.): Die Krankheitslehre der Psychoanalyse, Stuttgart 1971

Lüscher, Max: Der Lüscher Test, Reinbek 1971

Nagera, H. (Hg.): Psychoanalytische Grundbegriffe, Frankfurt 1974

Nell, Renée: Traumdeutung in der Ehepaar-Therapie, München 1976

Perzy, Alfred: Was Kinder träumen, in: Erziehung und Unterricht, 6/1978

Richter, H. E.: Eltern, Kind und Neurose, Reinbek 1969

Sandler, Joseph: Träume, unbewußte Phantasien und ‹Wahrnehmungsidentität›, in: Psyche 9/1976, S. 769

Schliephacke, Bruno P.: Bildersprache der Seele, Berlin 1970

Schottlaender, Felix: Die Mutter als Schicksal, Hamburg 1974

Siebenthal, W. v.: Die Wissenschaft vom Traum, Berlin 1953

Spitz, René A.: Vom Säugling zum Kleinkind, Stuttgart 1972

Widlöcher, Daniel: Was eine Kinderzeichnung verrät, München 1974

Wiesenhütter, Eckart: Traum-Seminar, München 1975

Winnicott, D. W.: Vom Spiel zur Kreativität, Stuttgart 1973

Wittgenstein, O. Graf: Märchen, Träume, Schicksale, München 1973

Zierl, Wolfgang: Die Rolle des Traumes in der Psychotherapie des Jugendlichen, in: Handbuch der Kinderpsychotherapie, Bd. I, München 1973

Zulliger, Hans: Heilende Kräfte im kindlichen Spiel, Stuttgart 1961

Zulliger, Hans: Mädchenträume im Vorpubertätsalter, in: Die Pubertät der Mädchen, Bern 1972

betr.: rororo-Elternrat

Eltern haben es heute im Umgang mit ihren Kindern schwerer denn je. Und das u. a. auch deshalb, weil den Eltern von allen Seiten die Ohren mit Ratschlägen vollposaunt werden, die entweder nichts nützen oder nach denen sich nur Übermenschen richten können.

Der Prototyp des Elter von heute, gleich ob Vater oder Mutter, ist unsicher und läuft die meiste Zeit mit einem schlechten Gewissen herum.

rororo-Elternrat will genau an dieser Stelle helfen. Denn unsichere Eltern mit schlechtem Gewissen müssen notwendig «schlechte» Eltern sein, die an ihren Kindern keine Freude finden – und so bleiben sie unzufrieden und damit auch unerquickliche Partner für ihre Kinder.

Wie hilft rororo-Elternrat?

1. rororo-Elternrat kümmert sich immer um spezielle Themen, z. B. Legasthenie, Hausaufgaben, Erste Liebe usw. – also um Themen, die in einer bestimmten Phase der kindlichen Entwicklung normalerweise auch für die Eltern zum Problem werden. Betroffene Eltern greifen also erst zu dem Buch, wenn es «soweit» ist. Kein Studium auf Vorrat!

2. Da es keine Patentrezepte gibt, zeigen die Autoren von rororo-Elternrat an vielen Fallbeispielen, wie andere Eltern mit dem Problem umgegangen sind, es gelöst haben oder auch mal daran scheiterten. Denn perfekte Eltern gibt es nicht. Und schlimmer noch als ein schlechtes Gewissen ist der oft anzutreffende dringende Wunsch von Eltern, gute, wenn nicht gar «Muster-Eltern» zu sein.

3. Da Eltern meist noch durch andere Dinge wie Beruf, Haushalt, Fortbildung belastet und auch durch die notwendige Erholung und Freizeit in Anspruch genommen sind, ist ihnen nicht zuzumuten, dicke Schwarten zu studieren. Darum sind die Bücher von rororo-Elternrat knapp, reich illustriert und angenehm zu lesen. Intensive Arbeit an jedem Text sorgt dafür, daß die Bände dennoch mindestens so gehaltvoll sind wie dicke Wälzer von dreifachem Umfang. Motto: Weniger ist im Fall von rororo-Elternrat immer mehr.

Für wen wird rororo-Elternrat gemacht?

Sagen wir erst, für wen rororo-Elternrat nicht gemacht wird: nicht nämlich für jene Menschen, die durch Lichtschalter im Haus, Müllabfuhr und Auto daran gewöhnt sind, daß ihnen *alles* Unangenehme abgenommen wird. Probleme im Umgang mit den Kindern erfordern fast immer viel Mühe und Arbeit; für sie gibt es keine «Müllabfuhr»; auch Experten wie Psychologen und Erziehungsberater können einen nur anregen und helfen, sich selber zu helfen; die bequemen Lösungen verschieben das Problem nur auf später.

Also ist rororo-Elternrat für jene Eltern, die schon gemerkt haben, daß es mit den billigen Rezepten nicht wirklich weitergeht. rororo-Elternrat ist für jene, die bereit sind, Erziehung als ein hartes und mühevolles Geschäft zu akzeptieren, bei dem sie auch mal selber in Frage stehen können.

rororo-Elternrat kann nur helfen, die Probleme zu verstehen und die Richtung zeigen, wo die Lösungen liegen. Aufsuchen müssen sie die Leser selbst.

Was gibt es in rororo-Elternrat?

**Sophie Behr / Helga Häsing,
«Ich erziehe allein»**
(Oktober 1980)
Wer als Witwe(r) oder Geschiedene(r) allein erzieht, kennt die Probleme, um die es in diesem Buch geht und für die Lösungen angeboten werden. Eine der Autorinnen ist Vorsitzende des Vereins alleinerziehender Mütter und Väter.

**Ina Fritsch,
Eltern trennen sich**
(Juni 1980)
In einer solchen Situation leiden alle Beteiligten, aber Eltern und Kinder können sich auch gegenseitig stützen. Die Autorin schreibt von eigenen Erfahrungen.

**Inge Nordhoff,
Erste Liebe**
(August 1980)
Die Autorin hat auch das Buch zum gleichnamigen beachteten Fernseh-Film (ZDF) geschrieben, der zeigt, wie Eltern und die sich ablösenden Jungen und Mädchen miteinander im Gespräch bleiben oder erst dazu finden.

**Gisela Gerber,
Umzug tut weh**
(Mai 1980)
Umziehen ist inzwischen etwas Alltägliches geworden. Dieses Buch zeigt an vielen Beispielen, daß es dabei nicht nur technische Probleme gibt und wie mit den möglichen seelischen Gefahren umzugehen ist.

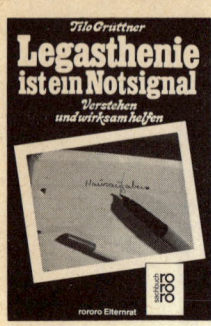

Tilo Grüttner,
Legasthenie ist ein Notsignal
(April 1980)
Dieses Buch läßt uns verstehen, wieso die herkömmlichen aufwendigen Legastheniker-Trainings so wenig Erfolg haben. Wenn die Konflikte gelöst sind, die die Legasthenie hervorbrachten, dann hilft auch wieder schulisches Training.

Horst Speichert,
Hausaufgaben sinnvoll machen
(April 1980)
Es gibt Hausaufgaben, die Stunden dauern und nicht eine einzige graue Zelle im Gehirn hat etwas davon. Mit vielen Beispielen für sinnvolle Hausaufgaben.

Der Herausgeber bittet um Kritik.
Anregungen, Themenvorschläge
an folgende Adresse:
Dr. Horst Speichert
Büro für wissenschaftliche Publizistik
Teutonenstr. 32b
6200 Wiesbaden